Secretos
de una pornostar

CELIA BLANCO
GUILLERMO HERNAIZ

EDICIONES B
GRUPO ZETA

Barcelona • Bogotá • Buenos Aires • Caracas • Madrid • México D.F. • Montevideo • Quito • Santiago de Chile

1.ª edición: septiembre 2005

Bailén, 84 - 08009 Barcelona (España)
www.edicionesb.com

Printed in Spain
ISBN: 84-666-2077-X
Depósito legal: B. 36.740-2005

Impreso por LIMPERGRAF, S.L.
Mogoda, 29-31 Polígon Can Salvatella
08210 - Barberà del Vallès (Barcelona)

Secretos
de una pornostar

CELIA BLANCO
GUILLERMO HERNAIZ

A mi familia, porque es lo que más quiero,
os agradezco mi existencia y más, os agradezco el que
estéis ahí para lo bueno y para lo malo.

A mi supermega Roci!!!!!!!!

A un muñeco llamado Nico, por todos esos momentos
tan especiales que hemos compartido y que sin duda
nunca olvidaré. Y por todos los que nos quedan..., pero
sobre todo te agradezco el ser como eres.

A mi querido Toni A., un amigo incondicional al que
adoro... por muchos motivos y uno de ellos el
presentarme a mi querido y sexy *Manu.*

Al gran Carlos D., darle las gracias además
de nuestra amistad por ser un gran hombre,
y ahora un superpapá. Felicidades.

A Joan C., por ser un buen amigo, y a su chico
Cristian C., un encanto de chico.

A Guillermo, por la bonita y cada vez más intensa
amistad que tenemos, y por supuesto para la súper
Mireya, por esas largas conversaciones tan profundas y
constructivas que hemos mantenido.

Agradecimientos de Celia Blanco

A mi «chiquitina» la gran Eva, una buena amiga.

A Ramiro, por despertarme la actriz que llevo dentro.

A Antonia Peña, una tía de P. M. y una gran fotógrafa.

A Beltrán, por abrirme una puerta que no sabía que existía.

A Román G., por sus sabias palabras.

A Dani M., porque no me deja parar de reír.

A Valerie T., por ser simplemente impecable.

A María José, por entenderme.

A Juanma B., por estar a esas horas de la madrugada disponible.

A Juan R., por ese sincero y maravilloso texto.

A Sonsoles F., por nuestras emocionantes colaboraciones juntas y su espléndido texto.

A Vicente y Pau V., por lo bien que me cuidan.

A Jalif, por ser el «primero».

A Ricard, por ser como es.

A David M., por los buenos momentos.

A Ángel R., mi angelito particular.

A Óscar P., por confiar en mí.

A Vampirella, La Madrina, Agustín V., Eva R., Jordi

B., Toni P., Paco G., Emilio, Andrés A., Paqui, Pablo D., Nina, Lidia R., etc., por lo que cada uno me ha aportado.

A todos mis queridos/as seguidores/as que me animan cada día con bonitos consejos y muchos piropos.

Y a todas las personas que han formado parte de mí en estos últimos años.

Agradecimientos de Guillermo Hernaiz

A Celia, por confiar en mí este proyecto tan ilusionante y *sexy*.

A Mireya, por creer en mí y darme ánimos y sabios consejos para abordar este trabajo.

A Manolo Valencia, ese vitriólico periodista y amigo que me ha ayudado mucho con todos los datos de películas, fechas y con sus oportunos comentarios de gran experto en la materia.

Prólogo

Tenía sus fotos sobre la mesa y no sabía quién era. Se trataba de una larga y sensual sesión al aire libre, realizada en la piscina de una torre cercana a Barcelona, para la revista en la que trabajo.

En todas las imágenes Celia aparecía sin ropa, sin estilismos... tan desnuda como llegó al mundo. Y, sin embargo, su expresión y sus poses eran tan naturales como si hubiera vivido siempre así. Su sonrisa era tan natural y cercana que apenas te fijabas en esa obvia y persistente desnudez que ofrecía en cada imagen.

Me resultó muy curioso, pues hay muy pocas actrices o modelos eróticas que carezcan de tics profesionales a la hora de posar en una sesión convencional o *soft*, como se las llama en el mundillo, que se sepan despojar de esas expresiones provocativas y sobreactuadas, de los clichés más manidos del cine X, para ofrecer su rostro más natural y sincero.

Fue lo primero que vi de ella antes de que me la presentaran, y debo reconocer que me agradó mucho. Esas fotos hablaban tanto de ella como una larga conversación. Me decían: esta persona no ha perdido su espontaneidad, y separa claramente su carácter y su expresividad de la imagen estereotipada de su trabajo. Es puro aire fresco y va a dar mucho que hablar.

Luego todo fue muy fácil y empático. Como la primera entrevista que, lejos de ser relajada e íntima, tuvo como espectadores-fisgones a unos compañeros de Antena 3, que filmaban el *making off* de la sesión de portada que ella iba a protagonizar y no nos dejaban ni a sol ni a sombra. Pese a la incomodidad de la situación ella se comportaba como si estuviéramos solos en mi despacho y respondía a todas mis preguntas con sus subrayados divertidos y esa risa contagiosa que entonces aún no presentía que acabaría escuchando tan a menudo. Se reía mucho de todo y parecía feliz, con una felicidad sin complicaciones, directa, natural.

Tras esa entrevista imaginé que íbamos a trabajar muy a menudo con ella, pues a su indudable atractivo físico unía ese punto cercano y amable de las personas con las que te gusta compartir el tiempo.

Después vinieron más reportajes, más portadas y algunas fiestas que fueron creando unos vínculos de amistad inesperados y llenos de bellos y divertidos recuerdos.

De la noche a la mañana nos hicimos amigos y nos contábamos todo: nuestras historias con nuestras parejas, nuestros gustos y disgustos. Le propuse entonces que se animara a ser la consultora sexual de la revista y, sin pensárselo dos veces, se lanzó al ruedo y consiguió un notable éxito. En la redacción enseguida nos dimos cuenta de que no íbamos a tener que corregirla mucho. Sus respuestas a los lectores eran de lo más ocurrentes, interesantes y siempre bien construidas. El editor respiró. No tendría que rescribir su sección, como pasa a menudo con los encargos a famosos de turno, con los que nos encaprichamos algunos directores y que luego resulta que no tienen ni idea de usar un ordenador.

Pasaron casi dos años y al final surgió este asunto que nos traemos entre manos.

Su fulgurante llegada al circo mediático de las televisiones sugería un aprovechamiento mayor de su experiencia que la mera participación en debates más o menos burdos o en las ya clásicas mesas sobre sexo y cotilleos de todas las cadenas.

Celia tenía una historia que contar pero, sobre todo, tenía una voz nueva para hacerlo y para ello merecía un soporte adecuado. Y así surgió la idea de escribir este libro donde pudiera contar, con su estilo franco y directo, su experiencia en el mundo del cine X y lo que ésta ha supuesto en su vida. Unas confesiones sin ánimos de escandalizar ni denunciar. Sólo con la intención de dar su exclusivo punto de vista: el de una persona que ve tan natural lo que hace como el trabajo que se realiza en una oficina.

Luego vino la idea de que fuera yo el que la ayudara a llevarlo a buen término y, claro, para mí fue un honor y un placer que confiara en mí para este cometido.

Así que espero que lo que vais a leer os guste tanto como a mí.

GUILLERMO HERNAIZ

con algunos directores [illegible] que [illegible]
[illegible]

[illegible]

[illegible] que llegó al [illegible] de la [illegible]

[illegible]

[illegible]

[illegible]

Introducción

Una fantasía casi real

Imagina tu más loca y desatada fantasía sexual.

Imagina que durante una bonita noche de verano llegas invitada a una fiesta que se celebra en un lujoso chalé a las afueras de la ciudad. La casa está rodeada de un hermoso y enorme jardín, lleno de árboles altos y frondosos y de todo tipo de plantas y flores de colores muy vivos.

En la puerta te ha sorprendido la cantidad de coches de lujo y deportivos que hay aparcados y piensas que los invitados deben de llevar un buen tren de vida. Al entrar al jardín tienes que bordear una gran piscina de agua azul turquesa, llena de globos y rodeada de antorchas; mientras, la suave brisa de verano se convierte en «no tan suave» y va apagando las antorchas poco a poco, aunque, la verdad, no te importa nada: todo es tan increíble...

Hay mucha gente por toda la casa. Gente joven y guapa y, sobre todo, chicas, muchas chicas. Te fijas sin remedio en una preciosa morena de pelo largo con un mini, pero mini vestido, de color azul, que lleva unos tacones de plataforma que estilizan sus bonitas piernas. Pero, enseguida, tu mirada se detiene en otra chica, esta vez rubia y con un pantaloncito negro y un top muy original que sólo tapa sus pezones. ¡Hay que ver qué *sexys* son todas estas niñas!

De pronto, aparecen una pelirroja y dos morenas, las tres altas, elegantes y atractivas, partiéndose de risa como si hubieran bebido algo burbujeante... ¿champán? Piensas acercarte a ellas y descubrir de qué se ríen. Dudas, bueno, quizá mejor sigues dando una vuelta a ver el resto de la casa. La fiesta promete... Ves unos chicos subiendo la escalera: humm... qué par de culitos... y esas espaldas, a ver si se dan la vuelta y les mandas un besito... je, je.

Hay chicas con antifaces y chicos con máscaras de monstruos mitológicos, diablos, lobos y hasta un cerdito. ¡Te encanta! Todo te recuerda a un decadente y enloquecido carnaval veneciano, o aquella película tan morbosa de Kubrick en la que Tom Cruise se metía en una mansión llena de gente desnuda con antifaces, pero con mucha más gracia, desde luego.

Te entra una sed loca y decides buscar algo de beber. Anda, mira, allí hay una mesa con botellas y un camarero estupendo muy bien vestido, o sea, con un minipantalón de color amarillo fluorescente y muy ajustadito. ¡Qué manera de provocar!

Llegas a la barra y pides sólo agua, pero, sin saber muy bien cómo, se lía todo, y en unos minutos acabas brindando con todo el mundo con chupitos de licor, tú que no bebes nunca. Bueno, un día es un día y estamos de fiesta.

Sigues, ya un poco achispada, dando una vuelta por el porche y el concurrido jardín y decides al final entrar en la casa.

Conforme cruzas la puerta encuentras más y más chicas. Hay mucho movimiento de gente, para arriba, para abajo, y tu cabeza también empieza a notar un divertido vaivén. Esta fiesta de disfraces promete mucho.

Animada por una inagotable curiosidad y sintiendo el calor creciendo en tu cuerpo te diriges a una habitación donde encuentras un set completo de maquillaje y dos simpáticas maquilladoras en plena faena con una estupenda rubia de larga melena que te mira a través del espejo con una sonrisa seductora. También hay en aquella habitación otra simpática chica que te cuenta que es estilista, y... ¡muchísima ropa!

Comienzas a buscar entre las perchas y te llama la atención una falda roja muy cortita con dos aberturas en los lados. Te la pruebas y la verdad es que te queda ideal. ¡Qué bien! Encuentras unos guantes a juego que llegan hasta los codos. ¡Guay! Te pones un corsé de color amarillo muy chulo que te resalta todo y además te estiliza. ¡Je, je! Y para terminar una original capa con capucha también de color rojo. ¡Decidido! Serás Caperucita Roja.

Ya vestida para la ocasión, te dispones a salir al jardín e incorporarte a la fiesta cuando, de repente, oyes un extraño ruido al final del pasillo. Te acercas cuidadosamente hasta una puerta entreabierta de la que se escapa una tenue luz y al asomarte ves de frente y por sorpresa una cara muy conocida...

Es tu prima Clara, totalmente desnuda, gozando como una posesa encima de un... ¡qué fuerte! la muyyy... de un tipo que resulta ser... ¡tu propio novio!

No puede ser cierto. No das crédito a lo que estás viendo. Y ellos a lo suyo, como si tú no estuvieras allí.

¡¡¡Es que todos los hombres son iguales!!!

Sales corriendo, alterada y muy triste, pero sobre todo muy decepcionada por lo que acabas de ver. ¡Todavía no te lo crees!

Al pasar junto a la barra del porche coges una botella

de champán y bebes sin parar para ahogar tu rabia e intentar olvidar lo que acabas de presenciar.

Ya más tranquila, bueno, más bien borracha, sales de nuevo al jardín. ¡Todos bailan y ríen sin parar! Te vas aproximando muy despacio a un grupo de enmascarados especialmente ruidosos que baila y ríe cerca de la piscina y cuando te quieres dar cuenta estás rodeada por ellos. Todos se cogen de las manos y bailan divertidos a tu alrededor. Poco a poco te vas contagiando de su loco ambiente. Notas que, pese a tu decepción, te brota una pequeña sonrisa... y empiezas a bailar tú también. ¡Ya te da igual! ¡Tu novio es tonto! Tú también puedes enrollarte con quien te dé la gana.

Hay un chico con una grotesca máscara de cerdo que no para de grabarte con una cámara. No te molesta, pero ya se está poniendo demasiado ¡pesadito!

El cerdito trae a más chicos, todos llevan máscaras de animales o de verdugo. Te cogen suavemente y bailan contigo de manera insinuante. Tú te dejas llevar... te da morbo que cinco chicos estén pendientes de ti. ¡¡Te sientes muy *sexy* y atractiva!! Con esos cuerpos semidesnudos... ¡¡Uff!! Y las máscaras les dan un toque misterioso y eso te relaja pues, en este momento, sólo necesitas sexo. Sexo sin caras, sin identidades... puro sexo.

Crees que ellos perciben tu deseo y te guían hasta un extraño y retorcido olivo que hay al final del jardín en una zona en penumbra.

El cerdito, el lobo, el diablo, el monstruo, etc., todos te rodean y te miran fijamente, sus ojos se clavan en ti. ¡¡Uff!! Estás tan excitada...

Se han bajado los pantalones y se balancean delante de ti como esperando que vayas a acariciarlos. Tú, en menos de un segundo, coges al que tienes más cerca y comienzas a chuparlo con tantas ganas que el lobo aparta al cerdito y ocupa su lugar y así uno detrás de otro.

Te pones a cuatro patas y, mientras el diablo te penetra por detrás, no dejas de saborear el pene del lobo. El cerdito te toca como si nunca hubiera tocado a otra mujer, y cuando te lame parece sentirlo realmente de verdad, ¡y eso lo notas! No deja ni un centímetro de piel sin recorrer... ese cerdo. Ya no sabes quién es quién. Sientes manos por todas partes, escuchas jadeos y comentarios obscenos y sólo tienes ganas de que sigan gimiendo y poseyéndote de esa manera.

Reconoces al diablo que sigue dentro de ti, por detrás. Te compenetras con él cada vez mejor, vuestros cuerpos parecen uno solo. Los demás siguen jugueteando a tu alrededor. Todos parecen querer penetrarte pero, de momento, eres sólo del diablo.

Y, mientras sigues gozando con el grupo, dos de los enmascarados se separan permitiéndote de pronto divisar el resto de la fiesta y darte cuenta de que te has convertido en la gran atracción de la misma. Todos han formado un gran grupo como si estuvieran en una sesión de cine al aire libre.

Tú, lejos de cortarte, te excitas aún más y le pides al diablo que no pare en su faena. La gente lo jalea... El cerdito de pronto empieza a gritar que se va a correr, así que decides ocuparte más personalmente de él y te dedicas a acariciar su sexo con esmero hasta que, como anunciaba, se corre entre grandes alaridos de placer.

Ahora, detén un momento la acción e imagina que todo esto que te he estado contando no es tan sólo una caliente fantasía de una noche de colocón. Que en realidad todo, todo esto, me pasó con pelos y señales... a mí.

Imagina, además, que el responsable de la fiesta, el

organizador de esa locura, incluso de la orgía en la que me vi envuelta, el que ideó y puso los medios para que yo acabara participando en esa escena de sexo con cinco hombres, en fin, imagina que quien planeó todo lo que me pasó esa noche fue... ¡¡mi propio novio!!

Pues así fue. Todo esto me pasó hace unos cuantos años. Yo era la protagonista de esta película cuyo rodaje te he contado. Y Ramiro, mi novio, era el director de la misma.

Se titula *La mujer pantera* y fue mi primera película X. Aunque, quizá, para entender cómo llegué hasta ahí con sólo veintidós años debería contarte algunas cosas más...

1

Los años de aprendizaje

Momentos decisivos

Nunca había pensado a fondo sobre ello, pero, ahora que he empezado a recordar mi pasado, me doy cuenta de que pese a que jamás imaginé cuando era adolescente que acabaría siendo actriz erótica, lo cierto es que mi «primera vez», como se suele decir, estuvo muy relacionada con el porno... y a lo mejor podría especular con que aquello fue una premonición. ¿Está escrito nuestro destino? Vete a saber.

Lo que es seguro es que, a pesar de empezar a trabajar en el cine X con sólo veintidós años, mi adolescencia y mi progresivo descubrimiento del sexo fueron muy parecidos a los de miles de chicas españolas que tienen su pandilla desde pequeñas y empiezan a investigar con su cuerpo, con caricias, besos, disgustos, tropezones, lloreras, calambrazos de placer... Casi siempre, por supuesto, sin mucha idea del tema, improvisando como cualquier hijo de vecino y con esa morbosa sensación de peligro y novedad que hacen que aquellos años y aquellas experiencias sean totalmente irrepetibles.

Y puestos a recordar cómo fue todo aquello, creo que en mi particular aprendizaje del sexo hay tres momentos muy significativos (que recuerdo muy bien porque de alguna manera me fueron marcando), además de, por supuesto, mi primer beso y, ¿cómo podría llamarlo?, mi primer encaprichamiento tonto (con un chico que parecía el doble de Tom Cruise por cierto).

Creo que podría resumirlos así: mi primera experiencia anal, la pérdida de la virginidad «oficial» y mis primeros juegos lésbicos.

Así que vayamos por partes.

Juegos de chicas

Recuerdo que ya a mis once añitos me pasaba todo el día paseando por Móstoles, ese barrio-ciudad de Madrid al que se llega por la carretera de Extremadura. Uno de los juegos que más nos gustaban a mis amigas y a mí era el del escondite. Era muy apañado ya que podíamos practicarlo tanto en el parque como en el cole, o en casa de Sonia, una de mis más queridas compañeras. Las reglas eran sencillas, sin duda tú también has jugado a él alguna vez cuando eras un crío. Una de nosotras contaba hasta treinta en voz alta y con los ojos tapados mientras las demás nos escondíamos por los alrededores. Como es lógico, la primera en ser descubierta era la que perdía y entonces ella pasaba a contar y a buscar a las demás. Y así toda la tarde de risas.

Un día, el juego adquirió una nueva e intensa connotación. Estábamos en casa de Sonia y yo era la que buscaba y buscaba a mis amigas por todo el piso, que no era muy grande pero entonces nos lo parecía. Entré en el salón y me percaté de que un bulto muy sospechoso sobresalía del mantel que cubría la mesa del comedor. Aquel mantel era bastante largo pero no llegaba al suelo y Sonia se había escondido encogida para que no se le vieran los pies. Yo aproveché para pegarle un buen susto... nos encantaba hacerlo y luego nos partíamos de risa... Me metí de golpe debajo de la mesa y, entre el susto y las risas, algo sucedió, no sé muy bien si era porque estábamos muy cerca, sin mucha posibilidad de movimiento o qué, pero de pronto nos besamos y yo experimenté una sensación muy peculiar, no sé... era cariñoso, dulce, pero a la vez muy placentero, nuestra respiración se mezclaba, como pequeños suspiros calentitos... Creo que estuvimos como dos o tres minutos dándonos besitos muy seguidos, pero sin lengua ni nada de eso...

Recuerdo que tuve una sensación muy similar a cuando yo me tocaba de noche en mi cama..., aunque tengo que reconocer que no lo veía como algo sexual sino como un juego cariñoso que me resultaba muy agradable.

Desde aquel día siempre que jugábamos quedaba con Sonia sin que se enterase nuestra otra amiga, Raquel, y nos encontrábamos a escondidas, en cualquier rincón, para que nadie nos viera... Y nos besábamos cada vez de forma más apasionada, pues aprovechábamos siempre momentos muy breves y con el peligro añadido de que alguien nos viera. ¡Creo que eso era lo que lo hacía mucho más excitante!

Llegó un momento en que la cosa fue a más y comenzamos a tocarnos nuestros sexos metiendo las manos entre la ropa. Era increíble lo mucho que nos excitábamos y nos mojábamos, eran momentos cortos pero intensísimos. Deliciosas descargas eléctricas que nunca olvidaré.

Pasaron algunas semanas, y otro día en el que estaba

jugando a esta nueva modalidad de escondite con «sorpresa» decidí dar un paso más, ya que al parecer no tenía bastante, y convencí a Raquel para que jugase «a un juego secreto que sólo yo sabía», sin que se enterase Sonia, por supuesto. Al final acabé jugando con las dos y lo pasábamos genial. No sé si ellas sospechaban algo de mi doble juego, creo que no, aunque desde luego si lo sabían lo disimulaban muy bien.

Este juego de besos y caricias duró unas semanas más y, con el tiempo, muy poco a poco y de forma imperceptible y no verbalizada, dejamos de hacerlo. Nunca comentamos el tema. Ni entonces ni años después. Quizá nos empezábamos a sentir culpables de hacer cosas que se supone que no teníamos que hacer. Fuera como fuera, el juego terminó y simplemente seguimos viéndonos como amigas, como lo habíamos hecho siempre, como si nunca hubiera pasado nada.

Creo que aquellos juegos de chicas malas y cariñosas fueron los momentos más morbosos que he vivido hasta el día de hoy, más que nada porque en el fondo éramos de lo más inocentes. Los recuerdo como algo muy, muy especial.

El primer chico

Cuando tenía trece años, nos mudamos a vivir al centro de Madrid, al castizo barrio de Chamberí y, claro, con el cambio de barrio me encontré con nuevos amigos y a una edad que empezaba a tener mucho peligro.

Me lo pasaba tan bien en esa época... No paraba quieta ni un minuto en el cole y a todas horas ansiaba que llegara el momento de salir y estar con mis amigas Sofía y

Laura. Durante los días de diario no solíamos salir casi nunca, sólo un rato después de las clases y ya está. Lo bueno llegaba los fines de semana.

Tenía distintos grupos de amigos y peñas en diferentes zonas de Madrid por las que solía parar. Uno, por ejemplo, en un salón recreativo en la plaza de Quevedo, de gente del colegio. Luego estaban los colegas de la plaza de Olavide, que, por cierto, allí fue donde conocí a Sofía, y luego la gente de las primeras discotecas a las que empecé a ir a bailar.

Un día me presentaron a un chico algo mayor que yo (o sea, de catorce, a esa edad un año parece una eternidad). Se llamaba Javi y me gustó desde el primer momento: moreno, fibroso, muy simpático..., ah, y ¡muy guapo!

El clan de Olavide salimos unas cuantas veces de fiesta todos juntos. Javi y yo, que íbamos con toda la banda, congeniamos pronto y muy bien. Yo sabía que a él también le gustaba. Siempre estábamos de broma y buscando el momento para estar solos.

A mí cada vez me gustaba más y empezaba a sentir por dentro que necesitaba algo más que los típicos abrazos de amigos. Un beso es lo que necesitaba, ay, de esos carnosos labios. ¡Los tenía ideales! Muchas veces me quedaba fascinada mirándolos cuando hablaba. Lo malo es que en un par de ocasiones me pilló y, claro, yo me quedaba supercortada.

Cuando me atrae mucho un chico no me gusta que se dé cuenta. Me encanta que sea él quien vaya detrás de mí. Prefiero que me seduzca y, sobre todo, que me sorprenda.

Aquel día, sobre las siete y media de la tarde, ya había oscurecido, estábamos en un parque al que solíamos ir a menudo. Grande, con muchos árboles, zonas con columpios y juegos para los niños y, sobre todo, ideal para pasear.

Javi y yo nos sentamos en un banco en una zona muy bien resguardada por la frondosa vegetación. Por allí solían ir las parejas a darse el lote, aprovechando el escondite natural que ofrecía el entorno.

Estábamos los dos ahí bromeando y yo me sentía muy a gusto hablando y riendo con él. De repente, nos quedamos absortos, mirándonos fijamente, sin que mediara una palabra entre los dos... Pasaron unos segundos y desviamos la mirada muy cortados, poniendo cara de despistados. Luego, seguimos en silencio unos segundos más y entonces fue él quien se acercó sutilmente y pasó el brazo por encima de mi hombro. En ese momento yo sentía una mezcla de nervios y de ganas locas de que me besara sin parar. Entonces se lanzó y me besó: ¡ufff!... una sensación maravillosa me recorrió el cuerpo. Seguimos besándonos un rato muy largo y, para no haberlo hecho antes, la verdad es que no se me daba nada mal. Y no lo digo para darme ínfulas, sino porque sabía que él ya lo había practicado bastante, pero, para mí, aquél fue el ¡primer beso! Con un chico, claro.

Este rollo no pasó de ahí; nos vimos durante un tiempo y lo único que llegamos a hacer fue besarnos durante largos ratos. Yo reconozco que a mí besar me gusta mucho y me excita un montón, sobre todo si la otra persona sabe lo que se hace.

De él guardo un bonito recuerdo: fue todo muy idílico y romántico. Durante los meses siguientes tuve varios rollos de este tipo. Los fines de semana íbamos a una discoteca de menores, pero de noche no salía, ya que tenía que estar en casa a las nueve y media. Todavía recuerdo cómo apuraba al máximo los minutos en la disco o en el parque y luego tenía que ir corriendo como una loca hasta mi casa.

La discoteca abría sobre las cinco y media de la tarde. Solían poner bacalao, música española y dos o tres canciones lentas. ¡Ay, las lentas! Se bailaban abrazados.

Tuve luego otro rollo que se llamaba José. La verdad es que no me gustaba mucho, pero un día de fiesta al despedirnos me besó y yo lo seguí tontamente. Creo que fue un error, pero no me di cuenta hasta después de un par de semanas y creo que por no hacerle daño lo alargué demasiado. Un día me decidí y lo dejé por teléfono.

El fin de semana siguiente apareció por sorpresa en la discoteca. Yo estaba casi en el centro de la pista con mis amigas. El pobre se puso de rodillas y me pidió que no lo dejara. Recuerdo que pasé una vergüenza terrible y eso que ahora soy muy romántica, pero en aquellos tiempos era diferente.

No sabía lo que era estar enamorada. Recuerdo que en una ocasión una chica lloraba porque su novio la había dejado y yo le comenté: «Yo nunca lloraré por un chico.» ¡Qué ingenua! José como amigo me encantaba y yo no quería perderlo, pero él quería algo más y al final todo se estropeó, ninguno de los dos cedimos, y dejamos de vernos.

Como íbamos mucho a esa discoteca conocíamos a todos los que trabajaban allí, desde los camareros al dj, los porteros y hasta al dueño del local. Era ideal, pues no gastábamos ni un duro y, sin embargo, no nos faltaba de nada.

Un día me fijé en un grupo de chicos a los que nunca habíamos visto y que se instalaron en la parte de los reservados. Allí había unos sofás de color granate y, detrás, la cabina de nuestro querido dj que era chulísima, como una habitación que, en vez de paredes, tenía cristales y allí pasábamos largos ratos de diversión.

Entre el grupo de chicos nuevos había uno que me gustó especialmente: era alto, moreno y encima tenía un enorme parecido con Tom Cruise que por aquella época me encantaba (aunque creo que éste era más guapo todavía). Lo malo es que debía de tener unos dieciséis o diecisiete años y, claro, yo en realidad era sólo una meganiñata de trece.

Éramos tan pavas...: todo el rato venga mirarlos, a reírnos, a cuchichear; aunque ellos tampoco se quedaban cortos. Y a todo esto yo venga hacerme la interesante delante de mi Tom Cruise.

Pasaron dos semanas y mi atracción por él aumentaba sin parar. Era mi fantasía antes, durante y después de acostarme y, por supuesto, cuando me masturbaba.

El momento que más me gustaba en la discoteca, como he dicho antes, era cuando ponían las lentas. Era la excusa perfecta para bailar con quien te gustara, aunque había un problema derivado de una costumbre absurda: era él quien te tenía que sacar a bailar. Mis amigas, supongo que viendo lo atontada que estaba yo con Tom, le dijeron que lo hiciera. Sin que yo me enterara, claro, porque si no me las hubiera cargado.

Cuando vino y me lo pidió casi me da algo, pero de alegría: ¡por fin iba a bailar con él!

Mientras bailábamos yo tenía el corazón a mil. Menos mal que a «disimular» no me gana nadie... La conversación fue de lo más típica. ¿Cómo te llamas? ¿Eres de aquí?... Y no sé muy bien en qué momento él de pronto me besó y me abrazó con más fuerza. Ufff. Me puso a cien. Cuando terminaron las lentas nos fuimos a los reservados donde él se sentó primero y yo encima de él y seguimos dándonos el lote un buen rato hasta que intentó meterme mano por debajo de la falda y no lo dejé. Noté que no le hizo mucha gracia, pero seguimos con lo mismo.

Después de ese día no lo volví a ver: mejor, porque estaba claro que lo único que quería de mí era sexo y, la verdad, no me gustaba ir tan deprisa, y eso que estaba supercachonda.

Empezando por detrás

Otro de mis momentos decisivos, de esos recuerdos inolvidables entre las distintas experiencias que me abrieron al mundo del sexo, me sucedió a los catorce años, ya casi a punto de cumplir los quince.

Mis mejores amigas entonces eran Sofía y Laura y solíamos juntarnos con un grupo de chicos y chicas que vivían en una casa *okupada*, no muy lejos de donde vivía yo. Una de las cosas que más me llamaba la atención es que esos *squatters*, u *okupas*, como los llamaban, eran jóvenes de familias bien, con vidas acomodadas y que por rebeldía o ganas de independizarse y ser libres, quizá como todo adolescente, *okuparon* una casa. Eran siete, tres chicas y cuatro chicos. La casa en la que vivían me encantaba, pues estaba decorada como hoy la zona vip de un local, en plan *chill out*, muchos sofás y cojines por todas partes, luz tenue y muebles antiguos y divertidos. La casa se encontraba muy cerca de la plaza de Lavapiés y tenía dos pisos.

Dos de los *okupas* eran hermanos, con rasgos un poco indios, ambos muy guapos. Uno, Aitor, tenía veintiún años y el otro, Salva, veintiséis. Aitor tocaba la guitarra muy a menudo y la verdad es que se le daba muy bien. Salva pintaba caricaturas y a mí me hizo una muy chula en mi carpeta; también hacía unos retratos increíbles, que eran lo que más me gustaba: eran idénticos a los modelos que escogía. Algunos de los cuadros que tenían colgados en la casa también eran suyos. Al principio me sentí más atraída por Aitor y sus bandas sonoras hechizantes con la guitarrita, pero poco a poco mi atención se fue centrando en su hermano mayor.

Además de estos hermanos «indios» y tan guapos, en aquella casa tan fascinante vivían otros dos chicos y tres chicas, pero no tengo recuerdos tan precisos de todos ellos.

En teoría sólo había una pareja en todo el grupo y el resto lo compartían todo como buenos amigos. Nosotras, como éramos las pequeñas, nos manteníamos bastante al margen. Eso sí, nos reíamos mucho con todos ellos, bebíamos cerveza y fumábamos un montón de porros.

La noche que me marcó tanto no estaban conmigo ninguna de mis amigas y yo me fui a un concierto de grupos *punks* con todos los de la casa. La música era tipo La Polla Records; *rock* urbano, letras fuertes y el ambiente era muy, pero que muy *punk*, con un montón de tipos con crestas, mucho cuero, botas Dr. Martens y toda esa parafernalia. La gente que llenaba el local iba muy puesta de todo y nosotros, desde luego, también. Habíamos bebido, fumado y hasta nos metimos un cuartito de *tripi*. Y eso que yo era de las que menos se ponía. Sin embargo, también era a la que más efecto le hacía todo.

Creo que en muy pocas ocasiones de mi vida me he pasado demasiado con las drogas y el alcohol. Normalmente, en cuanto me sentía bien paraba de consumir, no seguía tomando compulsivamente como los demás, dale que te pego.

Lo que más me gustaba era fumar hachís, aunque creo que, en el fondo, siempre he sido bastante responsable con este tema y no he abusado de ello.

Pero, volviendo al concierto *punk*..., en las primeras filas, delante del escenario, la gente bailaba *pogo* de forma enloquecida, abalanzándose los unos encima de los otros, escupiendo sin parar y dándose patadas con sus rudas botas militares. Qué brutos. Lo recuerdo muy bien porque sin darme cuenta me metí entre ellos y casi me rompen. Menos mal que mis amigos me ayudaron a salir de aquel follón. Pasamos casi toda la noche allí, pues tocaban varios grupos y hubo música hasta las cinco de la mañana, más o menos.

Tras acabar el concierto nos volvimos a la casa de mis amigos *okupas*. Estábamos cansadísimos pues llevábamos fumando y bebiendo desde la tarde del día anterior. Todos se fueron a descansar, pero yo me quedé con uno de los hermanitos hablando, para ser más exactos con el de veintiséis, el de los retratos, con el que por cierto había tenido muy buen rollo durante toda la noche, tanto que al final ambos provocamos el quedarnos solos...

Además, el ambiente en la casa era ideal, con una luz rojiza, música suave para no molestar y mis feromonas volando libres y juguetonas por todas partes... Hubo un momento en el que dejamos de hablar, nos miramos y nos enrollamos con unas ganas locas.

Estábamos los dos tan excitados que, la verdad, todo resultó muy fácil y superapasionante a la vez. Cuando ya estábamos los dos desnudos y juntamos nuestros cuerpos, yo casi ardiendo... Fue un momento inolvidable.

Todavía recuerdo muy bien esa fogosidad tan incontrolada de adolescente, incrementada por el alcohol... y lo cierto es que no me importa rememorarla.

Nos tumbamos en su cama, yo encima de él... y, ya casi en lo más alto de un placer infinito, cogí su miembro con decisión, como si lo hubiera hecho más veces y yo misma me lo introduje suavemente. Fue una sensación increíble.

Me corrí varias veces. En esos momentos, realmente sin darme mucha cuenta, pensaba sólo en mí y buscaba mi propio placer. ¡Uf! Cómo me gusta recordarlo.

Pero lo más fuerte y divertido de todo esto es que después de acostarme esa madrugada con aquel morenazo, ¡yo seguía siendo virgen! Sí, fue todo pura y dura penetración anal y ni él ni yo nos dimos cuenta en el fragor del momento. Increíble pero cierto, y lo que puedo asegurar es que fue muy, muy placentero. Éste ha sido mi secreto hasta el día de hoy. Hay que ver lo bien que lo sé guardar, ¿no?

La «otra» primera vez y el X

Así que lo que se dice el virgo, el himen, la virginidad oficial vamos, la perdí un poco más adelante y curiosamente no resultó una experiencia tan agradable.

Ya había cumplido quince años y en el barrio tenía un nuevo grupo de amigos. Eran bastante mayorcitos, todos rondarían entre los veintitantos y los treinta, mientras que mis dos mejores amigas y yo teníamos quince años (y lo gracioso es que nuestros cumpleaños eran muy seguidos).

A pesar de la diferencia de edad, teníamos con ellos una relación bastante cercana, nos contábamos todas nuestras cosas y hablábamos de cualquier tema por raro que fuera. Había una gran confianza y pasábamos largos ratos echando risas sin parar. Lo que a mí más me gustaba era que, al ser ellos mayores, siempre aprendías cosas nuevas, no como con los niñatos de nuestra edad. Además, era muy práctico pues ellos nos compraban siempre el tabaco y las cervezas. ¡Je, je!

Dos de los chicos de este grupo iban totalmente de uniforme *heavy metal*, con pantalones ajustados, pelo largo, camisetas de Iron Maiden... Nosotras a diario íbamos más informales, con vaqueros y camisetas, pero los fines de semana nos poníamos de tiros largos con vestidos o faldas cortas, muy ajustados, casi siempre negros y, por supuesto, con los imprescindibles tacones de aguja.

La noche en cuestión nos fuimos todos de marcha a los bajos de Moncloa de Madrid, una zona muy popular, llena de bares, *pubs* y discotecas de distintos ambientes para estudiantes: desde bacalao, *heavy*, pop español, rumbas, etc. Íbamos de *pub* en *pub* bebiendo y bailando y la verdad es que nos lo pasábamos muy bien.

Tenía buen rollo con todos pero a mí el que me gustaba especialmente era José. Tenía unos 29 años, casi el doble que yo, llevaba el pelo largo, casi por debajo de los hombros, medía más de metro ochenta y tenía un cuerpo muy fibroso. Era muy extrovertido y a pesar de que tenía muchas cosas de niño yo me reía mucho con él, aunque al principio lo veía sólo como un amigo, no de forma íntima. Además, como he dicho antes, a mí me gusta que la gente me enseñe cosas, que me aporte nuevas experiencias y no estoy hablando necesariamente de las sexuales, que creo que eso lo vas desarrollando según tus necesidades e impulsos. Como lo que viví con mi querido «indio», con el que por cierto mantuve una amistad, pero fui yo la que me distancié poco a poco de él pues, aunque me lo pasaba muy bien con él, luego me daba como vergüenza. Y no me arrepiento de nada, que me quiten lo bailado. En el fondo me costaba dejarme llevar, pero cuando lo conseguía qué bien resultaba.

Como iba contando, estaba de marcha por la zona de Argüelles con mis nuevos amigos, y tanto José como yo empezamos a tontear más de lo normal, con un punto más *sexy*, y de forma inconsciente hizo que yo me fuera poniendo cada vez más cachonda según avanzaba la noche. Al principio intentaba disimular, pero luego pasé de todo y lo hacíamos incluso mientras estábamos en plena calle. Hubo un momento en el que nos sentamos en un bordillo a descansar y hacernos un porrito entre bar y bar. Yo me puse encima de él sentada sobre sus piernas y él, sin que nadie se diera cuenta, me metió hábilmente la mano debajo de la falda y me tocó el sexo, así por encima, suavemente. Y yo, disimulando ante los demás para que no se notara, le dejé que siguiera. Fue tan morboso, él excitándome cada vez más y yo luchando por que no se diera nadie cuenta y supercaliente a la vez. Yo ya estaba a punto, así que me pareció estupendo que a eso de las cinco de la mañana nos fuéramos todos a casa de José y a seguir allí la marcha. Estuvimos casi una hora y media de risas, disimulando con los demás aunque las miradas que nos cruzábamos llevaban fuego. Aunque lo bueno de verdad vino cuando se fueron todos, menos yo, claro. Realmente estaba muy excitada, pero a la vez algo nerviosa porque él era muy mayor, yo todavía era virgen y él no lo sabía. Tampoco pensaba que iba a llegar hasta el final. Aun así, en cuanto se fueron todos nos empezamos a besar, sin mucho prolegómeno. Él, muy seguro de lo que hacía, me quitó suavemente la parte de arriba de la ropa, empezó a tocarme los pechos suavemente y de pronto se paró de golpe para apagar las luces, encender la televisión y poner... ¡una película porno!

Yo, la verdad, es que no había visto todavía ninguna película X, ni era un tema del que hubiera hablado con mis amigas, ni con nadie en particular, así que me pilló un poco de sorpresa total y le dije: «¡Pues vale!» Con mis amigas hablábamos a menudo de lo que hacíamos con los chicos y tal, pero jamás ninguna había mencionado nada sobre pelis porno. Y lo curioso es que no recuerdo que en un principio me produjera ninguna sensación en especial. Ni para bien ni para mal, simplemente la estuve mirando unos momentos y vi tres cuerpos entrelazados y en plena faena, y seguí con lo mío. Al rato, cuando José estaba ya totalmente desnudo, creo que me excitó un poco ver cómo los dos tipos se lo hacían con la chica en la pantalla. José desnudo estaba muy bueno y calzaba un tamaño normal, si no qué palo, ¿no? Después de un buen rato de besarnos y tocarnos, cuando ya estábamos los dos desnudos del todo, él me estiró en el sofá, boca arriba y vi claramente sus intenciones. Yo pensaba todo el rato en lo que me habían dicho mis amigas, no lo podía remediar. En todo eso de que duele un poco y sangras. En fin, que estaba un poco tensa y no tan excitada como al principio. Total, que llegó el momento y realmente me dolió, y él como si nada, a lo suyo. Yo no dije nada hasta que él se dio cuenta al ver que le manché el sofá, y entonces me preguntó que por qué no le había dicho nada. Yo le dije que me daba vergüenza y nos fuimos a la cama, donde pudimos ver cómo los chicos se corrían en la cara de ella, lo que me dio cierto asco. Él siguió con el tema mucho rato y se me hizo largo, pero yo esperé a que acabara. Cuando terminó lo intentó de nuevo por detrás y no le dejé.

No disfruté tanto como me hubiera gustado, pero qué se le va a hacer. José se quedó dormido enseguida, lógico con el pedo que llevaba, y yo me quedé despierta más rato pensando en todo lo que había pasado. Pensaba desilusionada que no había sido muy romántico, que sin duda me había tratado como lo haría con todas las demás, poniendo pelis X y eso. Luego me quedé dormida hasta las nueve y media de la mañana. Cuando me desperté asustada por lo tarde que era, me fui corriendo sin despedirme, ¡tenía que irme volando a casa! Y tampoco tenía ganas de decirle nada. Llegué doce horas más tarde de lo que debía, pues a esa edad siempre tenía que estar a las diez en casa. Me esperaba una buena, pero tuve suerte de que mi padre ya se hubiera marchado a trabajar.

Muchas veces, recordando esa noche, he pensado que sin duda no lo hice con la persona adecuada. Seguro que si hubiera estado más enamorada de él habría disfrutado mucho más. Pero es algo que no sabes hasta que te ha ocurrido y que luego no puedes cambiar.

2

En el mundo del cine X

Poesía en francés

A principios del año 2001 yo vivía en Barcelona con Ramiro Lapiedra, mi pareja de aquel momento. Los dos estábamos muy enganchados con el tema del cine y la creación, y nos pasábamos un montón de tiempo trabajando en guiones cinematográficos, casi todos con un alto grado de erotismo y en proyectos nuevos de todo tipo. La verdad es que estábamos todo el día en plan supercreativo y también disfrutando el uno del otro.

Íbamos casi cada tarde a un videoclub cerca de casa, especializado en películas *gore*, rarezas de culto, mucha ciencia ficción, serie B y, desde luego, un montón de películas X, ¡muchas películas X!

Nos encantaba aquel sitio, tenían cintas de todo tipo de cine, no sólo los típicos estrenos recientes de cine americano como la mayoría de los videoclubes de barrio. Y nos divertíamos mucho viéndolas... y aprendiendo, y soñando con hacer cosas nosotros también.

Aunque debo reconocer que al principio, cuando veía todas aquellas pelis X, en ningún momento pensaba en la idea de intervenir en alguna de ellas. Fue algo que no se nos pasó por la cabeza hasta más adelante. Hasta entonces nunca me lo habría imaginado. ¿Estrella del porno? Qué subidón, como diría mi amigo Guille.

Pero la pasión creativa y la locura por hacer algo fue creciendo poco a poco y apoderándose de nosotros y, un día, hablando y hablando, como tantas otras veces (podíamos pasar incluso hasta siete u ocho horas seguidas de charleta cinéfila), acabamos decidiendo entre los dos que nuestro primer gran proyecto sería hacer una película X. Pero no una peli X cualquiera, sino una de calidad en todos los sentidos. Y así fue como Ramiro y yo comenzamos a plantearnos en serio el hacer cine erótico.

Yo, la verdad, debo reconocer que al principio no lo veía muy claro, pero me tenía totalmente fascinada ver cómo Ramiro se pasaba horas y horas, sobre todo por la noche, contándome su manera de ver el sexo a través de sus escritores más admirados. Autores como Henry Miller, Bataille, Nietzsche o Baudelaire, cineastas como Passolini, Cassavetes, Herzog y algunos más actuales como Abel Ferrara... También me hablaba de grandes filósofos y una de las cosas que más me gustaba era que me leyera poesía en francés y luego me la tradujera.

Descubrí poco a poco que mis gustos eran muy parecidos a los suyos y debo reconocer también que gracias a él he aprendido mucho, casi todo lo que sé de este mundillo.

Solíamos ir tanto al videoclub que, al final, como es normal, acabamos entablando una relación muy cercana con el dueño que, además, era un personaje superenrollado. Un día, hablando con él de la posibilidad de hacer una producción X, salió el nombre de María Bianco, una famosa actriz erótica española. Él nos dio su teléfono, nos dijo que ella estaba trabajando con una productora y que lo mejor era que hablásemos con ella si queríamos conseguir ayuda para nuestro proyecto.

Volvimos excitados a casa y pasamos un par de días de gran ebullición creativa y de hablar sin parar de qué era lo que queríamos hacer exactamente. Llegamos a la conclusión de que lo mejor sería que Ramiro fuera el director de la película y yo la actriz principal.

El día en que tras pensármelo mucho me animé por fin a llamar a María, estaba en la terraza de mi casa, desde la que hay unas vistas increíbles de Barcelona, y recuerdo aquella conversación perfectamente. Fingía no estar nerviosa pero, por dentro, temblaba de dudas mientras miraba el mar en el horizonte para intentar relajarme. Me presenté, le propuse quedar para hablar tranquilamente de nuestro proyecto y ella aceptó enseguida, con su estilo directo y socarrón. Un poco dura pero sin pasarse. María tiene ante todo mucha personalidad.

Llegamos unos días después, los dos muy *guapeados*, a la sede de IFG (creo, sin temor a equivocarme, que es la productora de cine X más importante de España), que entonces estaba en Madrid, en Pueblo Nuevo. Allí nos recibió María, que nos pareció de entrada una mujer muy simpática y agradable. Mientras hablábamos con ella en un despacho un poco soso, con los típicos carteles de pelis por todas partes, apareció por allí José María Ponce, con su larga melena, su barba y ese aire tan curioso de genio despistado y se nos presentó muy amigablemente. Nosotros ya lo conocíamos de oídas, pues era uno de los directores más importantes del cine X español y habíamos visto alguna de sus películas. También recuerdo que durante la reunión se asomó otro director, Narcís Bosch, mucho más joven y algo metido en carnes pero con una cara muy agradable y unos bonitos ojos claros. La sensación que tuvimos los dos durante toda aquella entrevista es que quien realmente les interesaba era yo: necesitaban una chica nueva y de lo que estoy segura es de que les causé muy buena impresión... ¡Esas cosas se notan! Pero allí había muchos directores y Ramiro quizá les sobraba. Lo malo era que nosotros queríamos trabajar juntos, teníamos claro nuestro proyecto y buscábamos más bien que nos produjeran nuestra película, la que llevábamos tiempo soñando. Pero supongo que, en el fondo, Ramiro era sólo competencia para ellos y más bien sobraba para el tipo de negocio que tenían allí montado.

No obstante, todo quedó en el aire y, tras esa reunión, comenzamos a salir algunas veces con María y con Ponce, que habían sido pareja durante mucho tiempo y conservaban una gran amistad, además de trabajar todavía juntos en muchos proyectos.

Algunas veces quedábamos a comer, otras a tomar un café o incluso a tomar una copa por la noche. Una de esas veces nos llevaron a la discoteca Savannah, donde se celebraba una fiesta de *Primera Línea*, y allí precisamente me presentaron al director de la revista, Guillermo Hernaiz, al que volvería a ver más adelante.

En la mayoría de las ocasiones en las que quedábamos solíamos hablar todo el rato de proyectos de todo tipo y de cómo hacer una película genial que pasara a la historia del cine X. De lo que nosotros dos no nos dimos cuenta hasta después de mucho tiempo es de que durante todo aquel período ellos nos ocultaban información. Esto me parecería muy normal si no fuera porque, hoy por hoy, tengo la sensación de que en ningún momento pensaron de verdad apoyar para nada nuestro proyecto. Creo que sólo les importaban sus ideas y si acaso cómo encajarme a mí en ellas. Empecé a descubrir algo que parece obvio y es que hoy en día cada uno vela tan sólo por sus intereses, si no ¿quién lo va a hacer, no?

Una de aquellas tardes en las que estábamos los cuatro en una cafetería, muy cerca del mercado de San Antonio, hablando y hablando, surgió la cuestión de cuál sería mi nombre artístico. Como yo me llamo Cecilia (y me encanta) decidimos no cambiarlo demasiado y que el nuevo sería Celia. Desde el primer momento tanto Ramiro y yo como ellos coincidíamos en que era bonito... y lo de Blanco en realidad vino de Bianco-Blanco. No sé, la verdad es que no me costó nada decidirme por mi nuevo nombre, de hecho cada día me gusta más: CELIA BLANCO. Además me sonaba tan español, era ideal.

Recuerdo que los cuatro nos hicimos bastante amigos hasta que un día ellos me ofrecieron participar en una serie X para una TV en la que yo sería en principio la estrella. El director sería el propio Ponce que estaba muy ilusionado conmigo y con su serie. Yo de salida no le dije ni que sí ni que no, simplemente nos lo pensamos bastante y unos días antes de empezar a rodar le dije finalmente que no lo iba a hacer, pues yo quería que el director fuera Ramiro. Aquello al parecer no les sentó nada bien y a partir de ese momento nos dejaron de hablar. Yo me llevé un gran chasco al darme cuenta de que en ningún momento habían sido muy sinceros con nosotros.

La primera película

Total, que seguimos el camino por nuestra cuenta y, por supuesto, no cesaríamos en nuestro empeño de lograr hacer realidad nuestro sueño de filmar una superproducción X.

Al cabo de un tiempo, en la primavera de aquel año 2001 llegó el contacto clave que necesitábamos. Todo surgió a través de un conocido nuestro llamado Fernando Querichetti, un tipo menudo pero muy simpático, que conoce a todo el mundo del porno. Él nos presentó a un posible coproductor, quien a su vez nos pondría en contacto más adelante con Elephant Channel, otra de las distribuidoras más importantes de cine X, y la empresa que al final acabaría sacando al mercado nuestras primeras películas. Y digo coproductor pues entonces ya habíamos decidido que, para mantener en pie nuestras ideas sobre nuestro proyecto, debíamos implicarnos a fondo y estar en todos los niveles de decisión. La historia mundial del cine en pocas palabras. Si no tienes la última palabra la película no es tuya realmente.

Entre unos y otros el caso es que conseguimos la financiación necesaria y pudimos comenzar por fin con todos los preparativos de nuestra tan esperada primera película.

Lo primero que hicimos fue lo lógico: formar un buen equipo de cámara, iluminación, maquillaje... Y la verdad es que no nos costó mucho, ya que conocíamos a un montón de gente de publicidad y cine y eran casi todos personas con muchas ganas de hacer cosas nuevas.

El *casting* sí que nos costó bastante más; las mejores actrices no están en España y, como es lógico, todavía no teníamos los contactos para traer chicas de fuera. Así que nos organizamos con las que había en ese momento en el mercado nacional y con algunos de los actores españoles más destacados. Al final pudimos contar con gente como Nacho Vidal, Max Cortés, Claudia Claire, Bibián Noray, Tania, etc. En fin, un plantel bastante importante que cualquiera que sepa un poco de cine X español reconocerá que estaba realmente bien, sobre todo para tratarse de una primera película.

Hicimos un buen plan de rodaje y miramos hasta cualquier pequeño detalle para que todo saliera bien, aunque ya se sabe (eso lo aprendimos entonces) que un rodaje es un rodaje y siempre surgen imprevistos.

Esta primera película, *La mujer pantera*, se rodó completamente en una bonita torre, cercana a Barcelona, en todo el terreno de alrededor, en el jardín y, por supuesto, en su estupenda piscina. La verdad que al coincidir el rodaje con el verano el plan era muy apetecible y visualmente todo quedaba muy bonito, sobre todo si las chicas y los chicos eran guapos, ¿no?

El rodaje duró casi dos semanas y fue bastante agotador pues el chalé estaba a más de una hora de nuestra casa. Nos levantábamos cada día a las 6.30 y luego no volvíamos por la noche hasta la una o las dos, dependía del día. Cuantos más días pasaban, más cansancio acumulado llevábamos, pero todo nos parecía poco por amor al cine. El rodaje fue muy bien, sin demasiadas complicaciones y además la relación con los actores resultó muy fluida y agradable. Mi primera escena en una película X fue ni más ni menos con Nacho Vidal, hoy por hoy tan famoso en todo el mundo.

En la ficción él y yo éramos novios: el representaba al típico hombre machista y un poco «abusón» y yo su novia enamorada pero a la que no le gusta tampoco que se ponga brutote..., o no siempre, en fin, ya sabes cómo va eso. Y la verdad es que el resultado fue muy bueno, sobre todo porque hubo muy buena compenetración. Creo que los dos disfrutamos mucho trabajando juntos. Y está bien disfrutar en el trabajo, ¿no?

Nacho resultó ser un tipo muy simpático aunque a la

vez algo creído, pero bueno, lo justo. Vino al set acompañado de una chica, también actriz, que se pasaba el tiempo tomando el sol mientras Ramiro le contaba a Nacho cómo era su papel en la película. La verdad es que hacía un tiempo estupendo y un sol fantástico.

Ese pedazo de aparato

En la buhardilla de la casa se montó la que se suponía que era mi habitación, donde iba a estrenarme en el cine X a lo grande y con toda una figura como era Nacho. No es que Nacho sea mi tipo, pero sí debo reconocer que es un hombre que te sabe poner a cien y que sabe muy bien lo que se hace en la cama. Por no hablar del tamaño de su miembro, una pasada. Algo así como el de mi chico, Ramiro. La primera vez que lo hicimos y se sacó ese pedazo de aparato me dejó anonadada... Nacho la tenía por el estilo o más grande. En fin, ahora vende moldes de la misma en los *sex shop* de media España y la gente sabe de qué estoy hablando: 22 cm de larga y del tamaño de un vaso de cubata de ancha.

El caso es que estábamos todos preparados para mi gran momento y en el ambiente se podía notar el gran número de feromonas revolucionadas. Yo, curiosamente, no estaba nada nerviosa. Me sentía supermetida en mi papel de novia sumisa y, eso sí, estaba muy excitada y con muchas ganas de que la escena saliera genial.

Mi idea de que todo estuviera bien era que los actores, es decir, Nacho y yo, reflejáramos al máximo la realidad y puedo prometer ¡que fue así! La escena comenzaba conmigo leyendo, sentada en un escritorio. Entonces entraba Nacho en el cuarto y empezaba a molestarme para que no pudiera leer, distrayéndome con juegos eróticos. Al final me convencía y empezábamos a besarnos apasionadamente. Cuando juntamos nuestros respectivos labios, ambos ardían. Durante la escena de sexo todo fue ideal, los dos estábamos disfrutando y no pensábamos en nada más. A todo esto íbamos parando para distintos tiros de cámara y, aunque nos detuviéramos por esos motivos técnicos, seguíamos muy juntos y él, mientras, me iba susurrando cosas al oído para que no se bajara el grado de excitación al que habíamos llegado.

Lo divertido de esto es que hubo un momento en el que Ramiro como director parecía muy satisfecho por lo bien que estaba quedando la escena, pero yo, que lo conozco bien, le notaba un poco mosqueado como pareja mía, y creo que no lo demostraba más porque estaba todo el equipo técnico a nuestro alrededor y, como es normal, a disimular tocaba.

Seguimos con la escena, y todo estuvo muy bien a pesar del calor tremendo que hacía entre los focos, el equipo de Ramiro y toda esa actividad tan atlética, claro... Y nosotros ahí, en la cama, a nuestro rollo, siguiendo las indicaciones que nos iba dando Ramiro, que seguía de lo más tenso.

Hubo un momento, casi al final de la escena, que me pareció de lo más *sexy*, en el que Nacho estaba encima de mí y comenzaron a caerme sus gotas de sudor en el pecho... y a mí me gustaba mucho. Terminamos la escena y tanto Nacho como yo nos fuimos a duchar, cada uno en baños diferentes mientras se iba preparando la cena (¡humm, qué hambre tenía!).

Estábamos ya todos sentados para comer en una gran mesa en el jardín de la casa. Éramos unas veinte personas y yo noté que Ramiro estaba algo distante conmigo durante toda la cena. Cuando terminé me senté encima de él e intenté que me dijera qué es lo que le pasaba y él en voz baja me comentó que le había costado sudores verme disfrutar tanto con otro hombre. Nos fuimos a un rincón más íntimo y discutimos sobre el tema, pero todo en voz baja para que nadie pudiera escucharnos. Yo le decía que él mismo me había pedido realismo. Al final, la conclusión fue que, si queríamos seguir haciendo pelis él como director y yo como actriz, teníamos que dejar ambos los celos a un lado porque si no íbamos a durar poco tiempo juntos.

En esta película también trabajé con Max Cortés, otro de los primeros espadas del porno español que, además de actor, es también director, como Nacho, Rocco y tantos otros actores que acaban produciendo sus propias películas. Nuestra escena sucedía después de que en una fiesta, por casualidad, yo encontrara a mi novio Nacho en la cama con mi prima Tania, y yo le devolviera la jugada de la misma manera con Max.

En el rodaje de esta escena había mucha gente: los extras, que participaban sólo en la fiesta previa a la escena de sexo, todo el equipo y además un par de productores curiosillos que venían a ver cómo era un rodaje X por dentro. En esa escena, aunque yo sólo me acostaba técnicamente con Max, participaban también otros cuatro chicos a los que yo ayudaba a masturbarse con mi traviesa boca, je, je.

Durante la filmación recuerdo que había tanta gente que a mí me daba la sensación de estar en un cine al aire libre y, aunque aquello no me agradaba, tampoco me llegaba a disgustar. Yo en lo único que pensaba era en las indicaciones de Ramiro y en que la escena saliera perfecta. Estábamos en el jardín y qué casualidad que en verano y por la noche se levantara aire e hiciera un poquito de frío, más de lo habitual, justo cuando íbamos a grabar.

Al cabo de unas horas, cuando terminamos, yo tuve la sensación de que aquello había sido un gran éxito, más que nada por las caras de la gente que estaba mirando y, claro, porque Ramiro se quedó muy satisfecho.

En esta película también me masturbaba por primera vez ante las cámaras (todo era nuevo, claro), además acompañada de un curioso «torito negro». En esa escena me costó mucho más concentrarme y al final tuve que pedir que, salvo Ramiro, el resto del equipo se saliese del set de rodaje, para poder continuar a solas con mis caricias. En ese momento para mí masturbarme era una práctica muy íntima y por eso me costó tanto concentrarme. El resultado final fue bueno y, por supuesto, a partir de ahí es una de las prácticas que más me gusta que me pidan en las películas. Además, con el morbo añadido de tener todo ese equipo humano alrededor de ti, totalmente estupefacto ante una mujer disfrutando a solas de su sexualidad sin necesidad de otra persona para conseguir satisfacción.

Mis primeras portadas

La verdad es que nuestro primer rodaje nos dio muchos ánimos para seguir trabajando a tope y planear nuevos retos para mi carrera. Un ejemplo era el de conseguir ser portada de alguna revista conocida, y de pronto surgió la posibilidad de hacer una sesión de fotos con Ricard Profitós, un tipo con un aire algo pasota y tan alto como apañado en lo suyo, que tenía muy buenas relaciones en la prensa. Después de hacerme aquellas fotos las llevó a

Primera Línea y les gustaron tanto que me dieron la que sería ¡mi primera portada! Me hizo mucha ilusión cómo salió todo: las fotos, la entrevista, la portada...

Esa portada se publicó en febrero de 2002 y antes de que saliera a los quioscos se puso en contacto conmigo la gente de *Playboy*... ¡Qué nueva ilusión me venía encima!

Todavía recuerdo los nervios que sentía, supongo que típicos de antes de una reunión con el director de *Playboy* España. Vamos, estaba más nerviosa allí que cuando tenía que desnudarme delante de Nacho Vidal. Será que lo del desnudo siempre me ha parecido algo muy natural. En fin, que la primera reunión fue tan bien que hubo una segunda y una tercera... y yo pasé a ser chica *Playboy*.

Hicimos la sesión de fotos en una playa de Sitges en la que no había mucha gente, salvo algunos fisgones que nos miraban de lejos, sin atreverse a acercarse. Estaban lo suficientemente cortados como para no interrumpir nuestra agradable sesión. Las fotos se publicaron en agosto de ese mismo año, seis meses después de la de *Primera Línea*. Y la verdad es que ya era ¡mi segunda portada!

La gente no paraba de alabarme, de decirme todo tipo de piropos y de cosas superbonitas y también de darme buena suerte. Recuerdo a muchas personas que no conocía de nada que se me acercaban y me decían: «Sigue así, niña, que tú llegarás lejos!».

A raíz de salir en las portadas de *Playboy* y *Primera Línea* me empezaron a llamar para ir a distintos programas de televisión. En esa época me invitaron a algunos de los más vistos del momento, como podían ser *Tómbola* o el que llevaba Ana Rosa Quintana en Antena 3, *Vitamina N* de Jordi González en City TV y muchos más.

Ramiro y yo siempre habíamos tenido muy claro que teníamos que apostar a fondo por el *marketing*. Por eso, además de dirigir las películas, él también ejercía como mi representante. Tengo la sensación de que, de alguna manera, nosotros abrimos un nuevo camino en la promoción del cine X que muchos luego han seguido, y por todo ello no me extraña que mis películas se vendieran y se vendan tan bien, pues realmente las promocionamos a tope.

El 2002 fue por todo ello un año clave en mi vida y en mi carrera. Después de mis dos portadas, de rodar la segunda película, de trabajar para la revista *Pirate* (una publicación del enorme grupo *Private*) y de ser además la chica aniversario de una conocida web (y algunas cosillas más que seguro que me olvido), Ramiro y yo nos fuimos muy orgullosos al festival de cine erótico de Barcelona, a ver de cerca todo aquel circo que se monta en la Farga de L'Hospitalet. Nosotros habíamos presentado a concurso *Delirio y carne*, nuestra segunda película. *La mujer pantera* la dejamos para después porque (no se sabe muy bien qué pasó) el material fotográfico de ésta se perdió.

Me gustó mucho el ambiente del festival, todo el circo que se monta allí durante casi una semana: había de todo y para todos los gustos. Nosotros fuimos por allí un par de días, aparte de a la cena de gala a la que van todos los premiados y las principales estrellas.

Solíamos estar unas dos o tres horitas y luego nos íbamos a casa. Era agotador pero muy divertido y ¡qué cantidad de gente había allí!

Recuerdo que iba andando con Ramiro entre los *stands* del recinto, sorteando como podíamos a la multitud. Llevaba un vestido muy ajustado de escote pronunciado y que me llegaba por encima de las rodillas. Quería presumir bien de silueta. Normalmente, cuando me visto para ir a una fiesta yo soy más mujer de insinuar que de enseñar, me siento más a gusto en ese terreno.

La gente me miraba sin parar, algunos como si fueran a comerme y venían a pedirme autógrafos, me preguntaban por mis pelis... Lo que más pedían era hacerse fotos conmigo. Yo estaba la mar de contenta y orgullosa al comprobar que con tan sólo dos portadas y dos películas tanta gente me reconocía.

Y el premio a la mejor actriz es para...

Recuerdo que aquel año nosotros no contábamos con *stand* en el festival erótico, como tienen la mayoría de las productoras, distribuidoras, tiendas o revistas que exponen allí sus catálogos, productos y por supuesto a sus estrellas. Y es que no se trata de algo sencillo de organizar, además de pagar el alquiler hay que arreglarlo, decorarlo y confirmarlo con mucha anterioridad. Lo que sí teníamos previsto era ir a la cena oficial en la que se entregaban lo premios del certamen y ya teníamos nuestra mesa reservada para la gran ocasión. Fuimos Ramiro, su hermano Pablo, que es el productor de todas las películas que hicimos juntos, su novia de entonces, Ángela, Xavi, Jesús de Elephant, algunas personas más y yo, ¡claro!

La cena estaba muy buena y hubo todo el rato un ambiente muy animado. Yo no paraba de hablar con todo el mundo y casi no me daba tiempo a comer; además, yo suelo ser un poco lenta.

Cuando todos terminaron de cenar (yo no lo había conseguido todavía) comenzaron a dar los premios, las «Ninfas» se llaman, que si a la mejor película, al mejor director, actor, etc., que no son pocos, y yo la verdad en ese momento no estaba demasiado nerviosa. Aunque todos los que estaban a mi alrededor parecían querer que lo estuviera pues no paraban de decir que me iba a llevar el premio a la mejor actriz española, que si tal, que si cual. Yo por si acaso no decía nada, simplemente repetía: «Hasta que no lo vea...». Después de un rato, que se me hizo eterno, en el que se repartieron unos seis o siete premios, llegó el momento esperado. Se oyó al presentador decir eso de: «y el premio de este año a la mejor actriz española es para...». Y en ese preciso momento empecé a ponerme tan nerviosa que las piernas me temblaban. «... ¡Celia Blanco!»

Entonces me levanté de la silla como sacudida por una corriente eléctrica, nerviosa a morir, pero ¡tan contenta! Todos me abrazaban y me felicitaban cariñosamente, con besos y abrazos: Ramiro, Pablo... De camino al escenario para recoger el premio, andando entre las mesas en las que estaban todos los invitados, también me felicitaban muchas personas, no recuerdo muy bien ni quién exactamente, de lo excitada que iba. Cuando pasé junto a la mesa de Nacho Vidal, éste se levantó muy galante y me acompañó a recoger el premio, lo que me vino muy bien para poder relajarme un poco. Allí de pie, más ilusionada que nadie, acerté a dar las gracias al festival, a Ramiro y luego ni recuerdo lo que dije antes de volver a mi mesa más contenta que un niño con zapatos nuevos, con mi primera «Ninfa» entre los brazos.

Pasó el festival, con toda su locura y masificación y comenzó una nueva etapa para nuestro lanzamiento: el momento de los medios. Me hice un nuevo *tour* por televisiones de Barcelona, Valencia y Madrid, un montón de radios, etc. La verdad es que tengo la sensación de que casi siempre tuve la suerte de caer en gracia a los periodistas y presentadores. Casi todos me trataron muy bien en general, no me hicieron ninguna de esas encerronas tan habituales en algunos programas. Quizás a ello ayudó mi naturalidad ante las cámaras, o al menos eso me decía todo el mundo.

Si tengo que ser sincera, la televisión, aunque me lo paso genial cuando voy a algunos programas, no me acaba de llenar. Donde me encuentro mucho más a gusto, además de trabajando de actriz por supuesto, es en la radio. Éste es un medio en el que me siento muy bien y noto que en él me desenvuelvo con más soltura, no sé, me inspira mucho más.

Quién sabe, igual un día me anime y tenga mi programita de noche y pueda hablar con otras personas que necesiten un oído paciente, alguien que las escuche e intente ayudarlas con sus dudas.

Fue, pues, un año y medio de locura, de no parar ni un día, de probar cosas nuevas y hacernos un hueco en este mundillo. Creo que lo hicimos bien, poca gente tiene la suerte de entrar tan deprisa en este círculo y conseguir tanta repercusión. Supongo que nos ayudó mucho las ganas locas que teníamos de hacer algo nuevo. Y es que, a partir de ese momento, las cosas podían ir mejor o peor pero casi nada nos iba a sorprender ya demasiado. Fue una época de aprendizaje acelerado y quizás un poco enloquecido, pero del que guardo muy buenos recuerdos.

3

Mis años con Ramiro: una relación compleja

Conocí a Ramiro Lapiedra hará unos siete años. Él es la persona con la que he tenido la relación más larga e intensa de mi vida, que duró hasta hace un par de años, y quien me influyó de una forma decisiva para entrar en el mundo del cine X. Él comenzó a la par mía su carrera como director de películas eróticas aunque el tiempo y distintas circunstancias hicieron que nuestra relación se rompiera de una forma que no imaginé nunca. Pero la vida es así y nadie sabe de antemano la fecha de caducidad de sus relaciones. Por todo esto no puedo contar casi nada sobre mi experiencia en el porno, especialmente mis comienzos, sin hablar de él, aunque hace tiempo que ya he tomado las riendas de mi carrera y he aprendido a separar el trabajo de las relaciones personales. Me costó lo mío y no pocos disgustos, pero creo que al final lo he conseguido.

Era el verano de 1998 y por aquella época yo trabajaba en una discoteca en la playa de San Juan, de Alicante, donde me había ido a vivir con mi familia. Era un trabajo de fin de semana, pero para mí era ideal pues en tres días ganaba lo mismo que mis amigas en toda la semana y además me lo pasaba muy bien.

Cuando tienes dieciocho años, trabajar de noche resulta muy divertido. Te pones bien guapa, te maquillas como una puerta, bailas como una loca las canciones que te gustan y, sobre todo, ligas un montón. Aunque a mí me gustaba bastante hacerme la dura con los chicos, táctica que funcionaba siempre muy bien. Había días en los que no me daba ni tiempo a decir que no a los pobres que querían ligar conmigo, simplemente no paraba de poner una copa tras otra en toda la noche. Sobre todo los sábados; ellos se cansaban de esperar a que les hiciera caso y se iban. La discoteca se llamaba Cheyene y estaba en la zona de bares y discos de verano, frente a la playa de San Juan, un sitio como muchos otros que en verano está a tope de turistas y en invierno se queda supertranquilo.

Un portero cachas y perseverante

El Cheyene era un local muy amplio con cinco barras bastante grandes y dos más pequeñas. A mí me gustaba una de éstas en la que normalmente estábamos sirviendo dos chicas pero, a menudo, como yo era muy espabilada, me dejaban sola, y a mí esa sensación me encantaba, pues así lo controlaba yo todo.

Éramos como diez personas trabajando, chicos y chicas todos bastante guapos y en general había muy buen ambiente entre nosotros. También estaban los que se encargaban de traernos hielo a las barras, los chicos de la puerta y, claro está, el gran jefe. Fuera había una gran terraza con mesitas y una barrita en forma de quiosco en la que, además de bebida, podías pedir un gofre o un helado.

Ramiro trabajaba entonces como portero de la disco y

estaba, lógicamente, de lo más cachas, demasiado para mi gusto. Llevaba el pelo muy corto y decolorado, y en un principio apenas me fijé en él. Para mí era un compañero de trabajo más y en mi vida muy pocas veces, por no decir ninguna, he tenido un rollo con alguien en el curro. No sé si ha sido por casualidad o porque de una forma intuitiva prefiero no mezclar las cosas, que luego siempre hay jaleos. Además, yo estaba saliendo entonces con un chico, aunque nuestra relación iba tan mal que lo acabamos dejando ese mismo verano. Todo era como un infierno de celos y desconfianza por su parte.

Pero Ramiro sí que se fijó muy pronto en mí y siempre estaba buscando una excusa para venir a mi barra. Siempre me venía a pedir a mí las copas cuando tenía sed, con la de barras que había en aquella discoteca, qué casualidad, ¿no? Yo me hacía la loca. Ya me había vuelto casi una experta con tantos chicos que me entraban para ligar. Al final, ni les hacía caso, simplemente intentaba ser simpática pero poniendo claros los términos de lo que no iba a pasar. Y, por supuesto, mantenía una regla siempre: ¡nada de dar el teléfono!

Pero Ramiro perseveraba. Si no venía por bebida, aprovechaba que había habido alguna pelea y pasaba a hacerse el machito y a comentar la movida.

Pasó así casi todo el verano y, cuando tan sólo quedaban un par de semanas para que la discoteca cerrase, nos fuimos todos una mañana a desayunar como tantas otras veces después de cerrar la sala. Serían las siete de la mañana y ese día coincidió que, tras tomarnos un café, nos encontramos los dos a solas en el autobús de vuelta para Alicante. Ésa fue la primera vez en la que realmente pudimos hablar con calma, largo y tendido y sin el resto de los compañeros metiendo la oreja. De hecho, él no paró de contarme cosas durante todo el camino, de una forma mucho más normal que de costumbre, sin tanta chulería, y ahí fue cuando recuerdo que empezó a agradarme y a caerme más simpático. Por ello rompí mi norma, y nos dimos los teléfonos y quedamos en llamarnos.

Cuando cerraron la disco, al final del verano, me fui a otro sitio a trabajar. Era un bar musical que estaba en Alicante ciudad. El primer día de mi nuevo trabajo, Ramiro se plantó allí a verme, embutido como siempre en una de sus camisetas ajustadas y mirándose sin parar en los espejos del bar. Era tan creído y tan coqueto. Pero poco a poco le iba cogiendo afecto y conseguía casi siempre que me partiera de risa con él; y eso es algo que a mí me gana siempre a nivel afectivo.

También era un gran especialista en ponerme en situaciones comprometidas, algo que, quieras que no, te encanta cuando eres joven y te hace subir la adrenalina a tope y sentirte muy viva. Aquel día nada más llegar me cogió de la mano e insistió en que fuera con él al cuarto de baño para invitarme a una raya de coca. Yo acepté encantada, pero enseguida me corté y volví corriendo a la barra para que no me pillaran allí con él y la amiga con la que había venido. Él era así de exhibicionista.

En aquel nuevo local aguanté sólo dos noches, pues el tipo de gente que venía y la música eran realmente poco estimulantes y tampoco pagaban especialmente bien. Tuve la suerte de que me saliera pronto un nuevo trabajo gracias a una amiga del Cheyene, mi querida Paqui, con la que todavía sigo manteniendo una estupenda relación de amistad.

Este nuevo trabajo era también en un local pequeño, tipo *pub*, con sus dos barras, sus sillones... Allí también vino Ramiro a verme en varias ocasiones, siempre a intentar ligar conmigo. Y debo reconocer que se lo acabó montando muy bien pues, poco a poco y sin darme cuenta, me empezó a gustar tanto como para excitarme cada vez que lo veía. En unos meses yo había pasado de la indiferencia a la pasión más desbordante. El hombre había hecho bien su trabajo.

Del after *al ático*

Cerca de este último *pub* había un *after* al que Ramiro solía ir casi todas las mañanas, después de estar toda la noche de juerga.

Una noche vino a visitarme, solo y muy arreglado y quedamos en que al salir de trabajar iría a reunirme con él a aquel *after*, y así lo hice. Cuando terminé le pedí a una compañera de la barra que si le apetecía acompañarme y aceptó.

Llegamos a la puerta de aquel garito y me quedé alucinada, pues estaba a reventar de gente haciendo cola a pesar de ser un sitio muy pequeño. Cuando conseguimos entrar, mi compañera, que estaba muy colocada, pues se había pasado toda la noche metiéndose rayas, se acomodó rápidamente entre la multitud y se puso a bailar como pudo en la pequeña pista. Aquello estaba tan lleno que me costó un buen rato encontrar a Ramiro, que estaba medio escondido justo al fondo del local.

Pasó un rato y el lugar, afortunadamente, se fue vaciando un poco. No se podía casi ni hablar de lo fuerte que estaba la música, pero hubo un momento en el que me quedé apoyada contra la pared, Ramiro se acercó a mí y comenzó a besarme sin decir nada. Yo lo seguí sin dudarlo: tenía muchas ganas, estaba muy excitada y me resultó muy morbosa la situación de besarnos por primera vez delante de tanta gente desconocida.

Al cabo de un buen rato paramos el loco juego de lenguas para sentarnos en la barra y seguir el asunto más cómodamente. Ramiro iba mucho más colocado que yo, que estaba más fresca aunque algo cansada de trabajar. Y allí en la barra seguimos enrollándonos apasionadamente y él, muy lanzado, me metió la mano debajo de la falda. Cuando llegó casi a rozarme las braguitas se la cogí y le dije que ahí no, que podían vernos. Él comenzó a reírse de una forma un tanto paternal y a picarme diciéndome que era una niñata cortada.

Yo le sonreí siguiéndole la corriente pero con la mirada fija en sus ojos apoyando mi decisión firmemente. Al rato, me acompañó a la parada del autobús y quedamos en que nos veríamos de nuevo en un par de días. Yo estaba encantada.

Y así fue: quedamos directamente en su casa, a las doce del mediodía.

Él todavía vivía con sus padres, que tenían una vivienda muy grande, dividida en dos pisos. Nosotros nos fuimos directamente al ático —donde dormían él y su hermano Pablo— que en ese preciso momento estaba de lo más solitario.

No tardamos ni un momento en entrar en faena. Nos enrollamos nada más cerrar la puerta de la calle como si lleváramos una corriente eléctrica enchufada en nuestros cuerpos. Cuando me quise dar cuenta ya estábamos en la cama. Yo me tumbé boca arriba todavía vestida, y entonces él se la sacó y me la enseñó todo orgulloso. Y no era para menos, pues la tenía dura, grande y muy bonita. Entonces comenzó a desnudarme. La verdad es que aquel primer encuentro estuvo muy bien, tan bien que a partir de ese momento nos veíamos sin parar para seguir disfrutando el uno del otro.

Al poco tiempo de empezar a salir juntos, entre sesión y sesión de cama, Ramiro me contó que se quería ir a Barcelona para estudiar en una escuela de cine. Él ya había estudiado en una de Madrid y otra de Valencia. Yo le dije que estaba cansada de Alicante y que lo acompañaría en aquel viaje si le apetecía.

Así que todo fue sobre ruedas y montamos el viaje juntos en muy poco tiempo, eran muchas las ganas que teníamos de cambiar de aires. Antes de irme me aseguré, por si acaso, de buscar un trabajo en Barcelona, pues no me quería plantar allí con las manos vacías. Y tuve bastante suerte, ya que por medio de un amigo encontré en poco tiempo un trabajo de camarera con buen sueldo y contrato.

Una vez en Barcelona nos fuimos a vivir juntos a un piso pequeño en el Raval, con otros dos chicos que también eran estudiantes de cine.

Ramiro y yo compartíamos una habitación y allí pasábamos largas horas haciendo el amor, hablando, riendo, pensando en nuestro futuro... Los recuerdos de esa época los tengo asociados en la memoria al sabor de los dulces y de todas las chucherías que devoraba sin parar. Todo lo dulce para mí es un auténtico placer y lo disfruto como una niña.

Buen sexo y experimentación

Los días en los que no tenía que trabajar dábamos largos paseos por Barcelona, una ciudad que me gustó enseguida, pero de esos años, sobre todo, recuerdo muy intensamente nuestras salidas de noche por el Raval, en las que vivimos momentos muy excitantes y extraños.

Nuestras relaciones sexuales eran todavía de lo más apasionadas. Eso era lo que más me gustaba de mi relación con Ramiro: el placer que me daba en la intimidad. Puede decirse en el sentido más literal que en la cama encajábamos a la perfección y creo que con él comencé a disfrutar mucho más del sexo que nunca. Y es que, como digo yo siempre, el sexo es puro aprendizaje y es muy recomendable experimentar cosas nuevas y descubrir cómo gozar mucho más.

Una de las opciones que practiqué por primera vez con asiduidad con Ramiro fue el sexo anal, exceptuando aquella accidentada primera vez, cuando era sólo una adolescente. Y en esta nueva ocasión, la verdad es que no fue una sensación tan placentera. Hablando claro: me dolió bastante. Supongo que faltaban aquel *tripi* y las decenas de cervezas de mi noche *squatter*. Pero, poco a poco, me fui acostumbrando a hacerlo con él y creo que, si se hace con cuidado y cierta maña al lubricar la zona, resulta una práctica de lo más placentera.

Recuerdo uno de esos sábados en los que salíamos de aventura por la noche a callejear por los sitios más escondidos del Raval y nos íbamos metiendo en todos los garitos y bares más canallas que encontrábamos. Bares de todos los ambientes y estilos de música que puedas imaginar. Ramiro, muy en su línea de sociabilidad peliculera, siempre acababa conversando con los tipos que tenían más pinta de duros, o con los camellos, que también dan mucho juego, claro. El caso es que siempre terminábamos hablando con algún personaje, más o menos marginal, de su vida y sus batallitas, y Ramiro, que no paraba de pensar en términos de cine, me iba comentando: «Mira, mira, ése seguro que en el papel de yonqui estaría genial, o este otro para hacer de macarra y bla, bla, bla.»

Era divertida esa sensación de peligro controlado, pues estar a su lado me daba entonces mucha seguridad. Era como vivir nuestras propias películas cada noche. Además, por aquellos tiempos casi siempre lo acompañaba a esnifar alguna rayita y a tomar unos cuantos cubatas, y con el «colocón» todo me parecía más intenso y especial. Hoy por hoy, como ya he dicho antes, me he hecho casi una abstemia y sólo me pillarás con algún porrito de vez en cuando como locura mayor.

Después de unos meses de hacer el amor a todas horas y en todas las posturas del Kamasutra, tuvimos otra etapa, muy típica en los sexoadictos, de ir a locales de intercambio de parejas. La idea, por supuesto, fue de Ramiro, entonces conocido como el rey de la experimentación. Yo no acepté a la primera, pues soy una persona que si estoy bien con mi pareja no suelo necesitar terceras, ni cuartas personas para pasarlo bien, salvo que en alguna ocasión especial y de mutuo acuerdo nos guste alguien y nos lancemos. Lo veo más como un capricho esporádico que como una necesidad, y desde luego no es algo que salga de mí espontáneamente.

Tuvimos muchas conversaciones, pues él es muy cabezota y quería convencerme a toda costa. Yo intentaba siempre decirle que para que me pudiera sentir cómoda en un lugar así él tenía que intentar estar en todo momento muy pendiente de mí y jugar todo el rato juntos. Él, sobre el papel, pareció aceptar mis, digamos, «condiciones», pero luego, una vez metidos en materia la cosa no era como yo quería, y él, si te he visto no me acuerdo. Como si no se lo hubiera comentado. Mucho morro tenía el muchacho.

Así que una vez ya convencida de dar el paso buscamos en la *Guía del Ocio* algún club donde iniciarnos. Como salían un montón de salas —Barcelona por lo que descubrí es la capital europea de este tema— decidimos ir a la más cercana, que en taxi quedaba a sólo cinco minutos de casa.

Llegamos al club en cuestión y nos encontramos ante una puerta de color negro sutilmente iluminada por unas luces de neón azul suave y con un timbre al lado derecho. Tras reírme un poco por los nervios que tenía llamé al timbre y al cabo de un rato nos abrió una chica muy agradable de unos treinta y pocos años. Nos saludó con una gran sonrisa y nos invitó a pasar al interior del local. Lo primero que encontramos nada más entrar fue una larga barra y, un poco cortados y sin saber muy bien cómo funcionaba todo aquello, nos sentamos en unos taburetes y pedimos de beber.

La chica intuyó rápidamente que era nuestra primera vez y nos explicó cómo funcionaba todo. Luego, tras tomar un buen trago de la copa, nos adentramos en el local detrás de ella, que nos llevó a una sala presidida por un estupendo y enorme billar rodeado de sofás y unas mesas muy monas. Me encantó que hubiera un billar, ya que me gusta mucho jugar.

Mirando hacia arriba descubrí una pantalla de televisión pequeña en donde se veían imágenes porno. Esa sala, según nos iban explicando, era el lugar para entablar conversación y tomarte algo tranquilamente mientras calentabas motores.

Muy cerca había otra habitación no muy grande y totalmente a oscuras en la que sonaba una música muy lenta. Era fácil adivinar para qué servía, claro. No muy lejos estaban también los aseos. Todo esto era la planta de arriba; pero la sorpresa estaba en la de abajo, donde no se podía entrar vestido. Abajo era ya desnuditos y a por todas.

Cuando nuestra agradable anfitriona se fue, los dos nos dirigimos todavía nerviosos a la planta de abajo. Ramiro se apresuró a quitarse la ropa delante de unas taquillas como las de los gimnasios, en las que había zapatillas, toallas blancas y unas telitas muy pequeñas que servían, según vimos, para cubrirse un poco los genitales.

Seguí a Ramiro que, muy decidido, se fue directo hacia una gran cama en forma de ele y llena de gente que ofrecía una imagen muy morbosa, con unas sábanas muy blancas y todos esos cuerpos desnudos jadeando de placer. La verdad es que nunca había visto una cosa igual. Aquella visión repentina me impactó mucho, sobre todo porque allí había gente de todo tipo, incluso esos matrimonios de mediana edad que te puedes encontrar paseando por la calle y a los que no te imaginas practicando sexo en grupo ni de casualidad. Estamos llenos de estereotipos supongo y allí volví a comprobar que nadie es lo que parece.

Así que, pasado el *shock* inicial, nos acomodamos tímidamente en aquella gran cama aprovechando un hueco que vimos entre un par de parejas jóvenes y con mejor físico que el resto. Nos tumbamos muy juntitos y recuerdo muy bien que Ramiro bebía compulsivamente, supongo que para ahogar sus nervios y yo, sinceramente, me sentía de lo más rara.

No me apetecía nada estar ahí y menos cuando empecé a darme cuenta de que Ramiro estaba pendiente de todo menos de mí. Mira que se lo había pedido, mira que lo habíamos hablado largo y tendido antes de decidirnos a ir a aquel lugar. Le había recalcado que tenía que estar muy pendiente de mí para que aquello saliera bien, o sea, hablando en plata, que me tenía que poner bien a tono para poder jugar a ese juego con tanta gente. Pero no fue el caso precisamente, y al final acabamos peleándonos porque él quería follar a toda costa y yo lo que quería era salir de ahí.

Intercambio a la francesa

La siguiente vez que fuimos al mismo local la cosa fue bastante mejor. Tampoco era muy complicado, ya que la primera fue realmente nefasta.

Ramiro, insistente y tenaz como pocos, me volvió a comer el coco con sus promesas de atenciones de todo tipo y yo, inocente enamorada, cedí una vez más. Una vez allí de nuevo yo estaba mucho más relajada que el primer día, pues ya sabía lo que me esperaba.

Antes de entrar nos fumamos un porrito para matar los nervios que aún afloraban, y una vez dentro nos pedimos arriba unas copas. Luego bajamos a la planta «golfa» con cierta calma y nos sentamos en un sofá, ya desnudos, a tomar tranquilamente las consumiciones antes de meternos en la supercama. Cuando por fin nos decidimos a entrar nos instalamos en la mitad de la misma, justo un poco antes de la parte más oscura e íntima. Comenzamos a enrollarnos los dos y en un momento Ramiro ya estaba con su aparato a punto. El hombre en ese aspecto siempre fue muy cumplidor. De repente noté una mano que me tocaba suavemente la pierna, como pidiendo permiso para unirse a nosotros. Es uno de los códigos de los *swingers*, siempre esperar la aprobación de la otra pareja o persona. Detrás de la mano había una chica y a su lado su

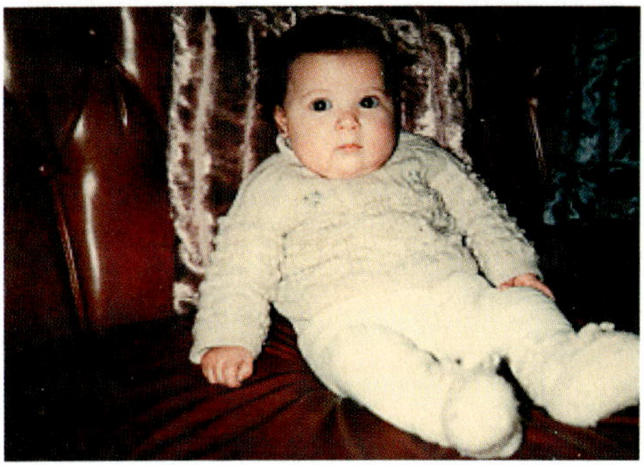

1. Celia cuando era un bebé.

2. Celia cuando era una niña.

3. Celia cuando era una adolescente.

4. Portada de *Primera Línea*.

5. Revista *Don Balón*.

6. Portada de *Interviú*.

7. *Primera Línea.*

8. Sesión para *Interviú.*

9. Sesión para *Interviú.*

10. Sesión para *Interviú.*

11. Sesión para *FHM*.

12. Sesión para *Private*.

13. Con Guillermo Hernaiz.

14. Con Guillermo Hernaiz.

15. Sesión para *Playboy* México.

16. Sesión para *Playboy* México.

17. *Stand Playboy* México.

18. En el Museo erótico de Praga.

19. Gala de entrega de premios en el Festival de Praga: con Narcís Bosch y Marco Salieri.

20. Gala de entrega de premios en el Festival de Praga.

21. Gala de entrega de premios en el Festival de Praga.

22. Fiesta *Cartelera Turia*: con José Coronado, Zai y Enrique Urbizu.

23. Fiesta *Cartelera Turia*: con Dirty Princess y Benito Pocino (Mortadelo).

24. Fiesta *Cartelera Turia*: con Enrique Urbizu.

25. En la oficinas de *Cartelera Turia*.

pareja. Nos comenzamos a besar ella y yo mientras ellos nos iban metiendo mano delicadamente. Poco a poco la cosa se fue dispersando y Ramiro, muy hábilmente y sin que yo me pudiera dar cuenta, se quedó con la chica y yo me encontré con un tipo que no me ponía para nada encima de mí, como si de un mueble se tratara.

Yo, algo mosca, iba mirando de reojo a Ramiro y por lo que veía él estaba en la gloria, por lo que simplemente seguí la corriente por no aguarle la fiesta. Ramiro nunca ha entendido que a mí no me gustara nada que me dejara sola haciéndolo con otro tío, que yo lo único que quería era jugar, pero teniéndolo a él en el equipo.

Pese a todo, volvimos una tercera vez, tres semanas después. No pensábamos hacerlo pero resultó que era sábado y todos los locales de noche estaban a tope, así que al final nos fuimos al club de intercambios a ver si había menos jaleo y, una vez allí, nos encaminamos directamente a la megacama, sin porros ni copas previas. Nos instalamos donde pudimos, justo al lado de una pared al final de la cama. Era una zona que quedaba completamente a oscuras y, por lo que habíamos atisbado en las ocasiones anteriores, allí los intercambios eran más multitudinarios.

Ése sí que por fin fue un gran día para mí, pues topamos con una pareja de franceses muy guapos y entre ella y yo hubo un flechazo desde el primer momento. Era alta, como yo, pero más corpulenta y tenía unos pechos grandes, naturales y con unos pezones muy *sexys*. Me ponían a cien. Nos empezamos a besar y quedó claro enseguida que ellos no iban a intervenir en el asunto, así que los dos se quedaron fuera, cada uno a un lado, mirándonos y masturbándose.

Mientras, yo conseguí olvidarme de todo lo que había a mi alrededor, excepto de mi exuberante francesa, y me dejé llevar por ella y sus expertas manos. Ese día tenía ganas de que me manejasen y esa deliciosa mujer tenía pinta de querer llevar las riendas, así que resultaba perfecto.

Todo se desarrolló conforme esperaba. Nos comimos a besos, lamimos nuestros mutuos cuerpos a conciencia y hubo momentos en los que hasta perdí la noción de dónde estaba y sentí que volaba de un lado a otro. Aquella francesita era tremenda, me cogía como si no pesara nada y me daba la vuelta o me colocaba a su antojo, y yo tan feliz, dejándome llevar. Hubo un momento en el que, mientras ella estaba a cuatro patas y me masturbaba con pericia, yo me aferré a sus pechos. Fue demasiado.

Luego me comentó Ramiro el escándalo que habíamos montado y yo le sonreí como a quien todo le da igual después de haber disfrutado de su gran momento de descarga sexual. Sólo quería fumarme un buen porrito.

Ese día fue Ramiro el que al final se quedó a dos velas y bastante rabioso. Justicia poética, digo yo.

Esos inevitables celos

Además de estas aventuras de búsqueda de nuevas experiencias sexuales, Ramiro y yo vivimos miles de situaciones fuertes y creo que poco habituales en parejas más tradicionales. Al principio, nuestra relación era de esos amores tan apasionados e intensos que cuando llevábamos sólo cuatro años juntos parecía que había pasado toda una vida.

Después de haber tenido dos relaciones largas y algunas esporádicas, creo que he aprendido bien lo que espero de una relación de pareja y tengo claro cuáles son los errores que no quiero repetir.

Las relaciones tienen sus fases y nadie las puede cambiar, pero sí podemos alargarlas si lo hacemos bien y evitamos caer en los errores clásicos y en las trampas que el paso del tiempo tiene preparadas para todos.

Las primeras relaciones sexuales casi siempre son increíbles y durante los primeros meses la pasión que te domina es propia de la novedad, del encantamiento que tienes con quien todavía no conoces del todo y con quien todo tiene ese fantástico sabor a nuevo.

Luego viene esa temporada en la que vas conociendo mejor al otro, la pasión se convierte en cariño, en una amistad cómplice. Desgraciadamente también hay la suficiente confianza como para enfadarte, a veces por cualquier cosa, y otras muchas suelen aparecer celos tontos, que son el comienzo del fin.

Los celos, aunque en muchos casos son irremediables y justificados, suelen ser, en otros, sentimientos irreales, más bien producto de nuestra inseguridad o del instinto posesivo que tenemos algunos hombres o mujeres.

Yo creo que lo mejor que puede hacer una chica es reprimírselos, jamás manifestárselos a la pareja. No es fácil, pero suele ser mucho mejor para la convivencia, te ahorras discusiones tontas y a él lo tienes más pendiente de ti.

Ramiro en ese tema no se quedaba corto, lamentablemente era un hombre muy celoso. Un día, después de trabajar en el local donde ponía copas, salí de fiesta con mis compañeros y él pilló unos celos de espanto, sobre todo porque le dije que había vuelto a casa en taxi y él me había visto bajar del coche rojo de un compañero. Yo no se lo había dicho por no mosquearlo, pues siempre le fui fiel, y al final fue peor el remedio que la enfermedad. Se empeñó en que me había liado con alguien y montó tal escándalo que los vecinos acabaron llamando a la policía. Qué vergüenza pasé esa noche.

También me montaba una escenita cada vez que venía de posar para fotos eróticas para alguna revista de *Private* en las que participase algún chico. Me soltaba el típico rollo sarcástico de si me lo había pasado bien y todo eso. Esto era algo que no tenía mucho sentido, pues si él quería convertirme en una estrella del porno tenía que pasar inevitablemente por todo eso, tenía que trabajar con otros actores y hacer el amor con ellos, o posar para magacines en sesiones muy fuertes. No podía tener una carrera virtual. Y eso que me cuidé mucho durante toda nuestra relación afectiva y laboral de rechazar las ofertas que me llegaron de otros directores X. Tenía claro que sólo quería trabajar con él, como hoy tengo muy claro que sólo quiero trabajar cuando me ofrezcan trabajos y papeles que me gusten. No trabajaré en cualquier película ni con cualquiera, por bien que me pague.

Pero a menudo el Ramiro «hombre-latino-posesivo» iba en contra del Ramiro «director de cine X» cuya gran estrella era su propia mujer. Y eso fue algo que no nos ayudó mucho a seguir juntos.

Lamentablemente, creo que estas situaciones de celos suelen suceder en las parejas muchas más veces de lo que nadie reconoce. Nos guste admitirlo o no.

A pesar de esos malos momentos también pasamos otros buenos y divertidos... Cinco años juntos dan mucho juego. Además yo soy una persona que normalmente sólo guarda en la memoria los buenos momentos, y Ramiro y yo hemos compartido emociones increíbles.

Recuerdo con mucho cariño cuando fuimos invitados por primera vez a los premios de Cartelera Turia de Valencia, unos galardones que se entregan cada año a famosos de todas las profesiones y con unas fiestas muy, muy locas.

Estábamos tan ilusionados..., sobre todo Ramiro, que desde muy pequeño seguía los pasos de ese certamen tan importante en la Comunidad Valenciana. Fue un fin de semana inolvidable lleno de recuerdos divertidos y *sexys*. Aunque creo que lo que más satisfacciones nos dio en esos años que estuvimos juntos, y de lo que más orgullosa sigo estando, fue el hecho de conseguir tanto eco y tantos éxitos en el mundo del X. Sobre todo habiendo empezado de cero y lográndolo en tan poco tiempo.

Luego comenzó el declive de lo nuestro. Fuimos perdiendo la pasión ante la realidad de una pareja desequilibrada, algo que me costó muchos años descubrir pese a que ahora pueda parecer evidente. Me agotaba mi eterna lucha con él para que fuera más organizado, más detallista. Siempre era yo la que cargaba con todo el peso de determinadas tareas muy ingratas, y tantas veces me saturaba que pensaba para mí misma: «Cuándo crecerá este chico.»

Hubo un momento de nuestra relación en el que empecé a sentirme mucho más adulta que él, que conservaba muchas tonterías de crío. Yo tenía las ideas más claras y cada vez me daba más cuenta de que ya no hacíamos buena pareja en muchos sentidos salvo en el negocio del cine X.

Pero aquello no era suficiente para mí. Me apetecía tener ya al lado un hombre, no aquel niño que conocí unos años antes.

También empezamos a pelearnos más de lo normal y llegó un momento en el que ya ni siquiera quería salir de noche con él pues se cogía unas borracheras muy fuertes y violentas.

Ramiro tiene alergia al alcohol, pero a pesar de eso bebía compulsivamente y llegaba un momento en el que se ponía muy pesado y violento.

Y lo peor no era por la noche, lo peor eran sus resacas. Parecía que se iba a morir: durante horas y horas se quejaba de que se encontraba mal, vomitando por todas partes. Lo fuerte es que siempre decía lo mismo: «Es la última vez que me la pillo.» Pero, como todos los alcohólicos que no lo aceptan, volvía a beber, y vuelta al mismo numerito. Al final ya es que ni me importaba que bebiera, me había acostumbrado al *show* de cada noche.

Lo que me daba más rabia era que, si teníamos que hacer algo relacionado con el trabajo, él apareciera por la mañana en ese estado. Y es que en esos días «siguientes» no era persona, era otra cosa. Y, para rematar, luego venía la depresión de turno. La traca final.

Llegó un momento en el que los detalles negativos se juntaban y realmente no acababa de estar a gusto con él en ningún momento; de hecho, no soportaba que estuviera cerca de mí, aunque no hiciera nada. Su sola presencia me resultaba insufrible.

Además se volvió bastante perverso conmigo. Hacía lo que se le antojaba y yo tenía que aguantar sus malas costumbres, sus palabras despectivas primero y luego las de arrepentimiento.

Todo lo que en un principio me gustaba de él al final no lo soportaba, especialmente su costumbre de intentar humillarme mientras no paraba de mirar a todas las chicas con deseo y lascivia. Todas tenían morbo para él.

Dejó incluso de apetecerme mantener relaciones sexuales con él, por todo esto y porque además él se volvió superegoísta en la cama y sólo pensaba en su propia satisfacción. Aunque tampoco es que tuviera muchas ganas de tener sexo conmigo; más bien lo tenía con cualquiera que se le cruzara por la calle, o donde fuera, menos conmigo. Su eterna frase era: «Qué buena está...».

Supongo que nuestra relación se deterioró por muchas cosas como las que he contado, pero creo que también en parte por irnos a vivir juntos prácticamente desde el comienzo de la misma y pasarnos todo el día juntos.

Más tarde, también empezamos a trabajar juntos, y es muy complicado estar siempre el uno encima del otro. Siempre surgían problemas, ya sea relacionados con la convivencia o con nuestro trabajo, que daba lugar a celos y al final discutíamos por las cosas más tontas.

¿Casarme? No, gracias

Yo intentaba adaptarme a él, pero él no hacía gran cosa por adaptarse a mí. Se comportaba y vivía como si estuviera solo en casa. Me lo dejaba todo sucio y desordenado. Yo le decía una y otra vez que, aunque fuera yo la que limpiaba la casa, él podía muy bien ayudarme un poco en pequeños detalles como poner la ropa sucia en el cesto, y si se hacía un bocadillo que no dejara todo lleno de migas y el envoltorio por el suelo...

Era un constante ir detrás de él para que la casa estuviera recogida; yo, todo esto, al principio podía soportarlo, porque había cosas que lo compensaban, pero cuando ya eran tantos factores juntos y además el sexo se redujo a una simple y aburrida penetración en la misma postura, la que a él le gustaba, la relación empezó a derrumbarse.

El último mes fue el peor. El simple hecho de estar con él me producía tristeza, incomodidad, molestia. Sobre todo me invadía una sensación de impotencia de no saber muy bien cómo afrontar la situación.

Y estaba el problema añadido de que la casa estaba a mi nombre y que Ramiro no tenía dónde vivir en Barcelona.

Un día, por fin, me armé de valor y después de discutir le dije que por favor nos separásemos una temporada y que se fuera a casa de alguien, que ya no podía más. Como él también estaba agobiado y tenía ganas de hacer y deshacer a su antojo, al día siguiente se fue.

Durante las siguientes semanas no paró de llamarme y de mandarme mensajes. Yo creía que lo echaría de menos, pero la verdad es que cada día que pasaba estaba mejor sola. Por fin tenía la casa ordenada, podía estar a mis anchas, poner mi música, vivir en paz.

Me mandaba mensajes por medio de amigos o conocidos de ambos y yo no le contestaba. Es más, se le metió en la cabeza casarse conmigo, algo que no era nuevo y que durante la relación ya me había propuesto. Pero yo hasta hoy lo tengo claro, creo que no hace falta casarse para demostrar el amor entre dos personas.

Habíamos hablado del tema muchas veces y para mí lo único que me atraía de la boda era lo del vestido bonito, que además diseñaría yo misma, y quizá la fiesta con familia y amigos, pero al final siempre llegaba a la misma conclusión: no quería casarme.

Desde que nos separamos vivo sola, aunque he tenido nuevas relaciones y sólo puedo decir que no es bueno ni saludable estar las veinticuatro horas del día con tu pareja. Y mucho menos si es un hombre como Ramiro, inestable, inmaduro y perezoso en algunos temas.

En este último año me he dado cuenta de que seguramente Ramiro no me quiso tanto como yo a él y me ha demostrado de nuevo que sólo sabe pensar en sí mismo. Le he dado muchas oportunidades para escoger un buen camino en lo profesional y también en lo personal y, aunque las personas más allegadas me aconsejan que no lo repita, yo sigo queriendo que algo salga bien con él y seguramente se las volveré a dar, aunque sepa que me estoy equivocando.

Lo malo será siempre la diferencia de opiniones entre los dos. Creía que éramos parecidos, pero en el fondo somos muy diferentes, somos casi incompatibles. Como él mismo decía: «Yo soy como soy, nadie me puede cambiar, si te gusta bien y, si no, también», una frase de lo más egoísta, pues él no tenía por qué cambiar sino tan sólo ceder parte o, al menos, escuchar la postura de la otra persona e intentar comprenderla, aunque no la compartiera.

Al margen de todos los malos momentos y los fallos que en un momento dado surgen en una relación de pareja, no le deseo nada malo a Ramiro. Pero creo que va a ser difícil que vuelva a ser parte de sus proyectos profesionales, no es lo serio que me gustaría que fuera, y esto le pasará factura. No quiero estar en medio cuando eso pase. Quiero ser independiente en todos los sentidos, aunque pueda tener una pareja, y estoy trabajando duro para conseguirlo.

4

En la barra del Riviera

Tan sólo dos días después de instalarme en Barcelona con Ramiro me puse a trabajar como camarera. Todo fue gracias a los contactos de un amigo nuestro, que me encontró curro en el Club Riviera, un gigantesco local de alterne que está en la autovía de Castelldefels, muy famoso por tener a más de cien chicas trabajando allí cada día.

El horario era mortal, tenía que estar allí a las cuatro de la tarde y no me iba hasta las cinco y media de la mañana.

La verdad es que, al entrar, el Riviera tenía toda la apariencia de ser tan sólo una discoteca, con sus dos grandes barras unidas que bordean todo el lado izquierdo de la gran planta baja y otras cuatro más pequeñas estratégicamente situadas por el resto del local. Pero el Riviera no sólo era una discoteca, tenía un montón de instalaciones más como la cocina, el comedor, los almacenes llenos de bebidas, las grandes cámaras de hielo, la lavandería..., en fin, todo lo que necesita un hotel y, por supuesto, las habitaciones con las taquillas para cambiarnos. No me olvido de aquellas habitaciones, situadas en la primera y segunda planta, a las que luego añadieron otras tras hacer obras. Una parte de esas habitaciones estaba ocupada por algunas chicas que además de alternar se quedaban a dormir. Para ello pagaban un alquiler, con derecho a pensión completa. Luego había otras chicas del club que vivían en apartamentos cercanos, en Castelldefels. Las chicas sólo podían estar trabajando allí veinticinco días seguidos, para que los clientes gozaran de variedad. Supongo que después las mandaban a otros locales de los mismos dueños: parecían estar muy montados en el dólar.

A las camareras se nos distinguía bien de las chicas de alterne pues, frente a su escaso y provocativo vestuario, nosotras llevábamos un uniforme negro y azul. Una falda negra por encima de las rodillas y un polo tipo Lacoste de color azul oscuro con el nombre Riviera en pequeño en el lado derecho. Los camareros llevaban el mismo polo pero, como es lógico, con pantalón.

Normalmente había trabajando unas ciento cincuenta chicas de todos los tipos, razas y nacionalidades. ¡Era increíble!

La verdad es que, antes de comenzar a trabajar en este gigantesco club de alterne, me lo habían descrito y yo me había intentado imaginar cómo sería el ambiente, las chicas, los clientes, los compañeros, los jefes... Un poco todo. Y la verdad es que luego la experiencia real fue mucho mejor en todos los sentidos, si exceptuamos lo duro que resultaba trabajar tantas horas seguidas.

Solía llegar al local a las cuatro de la tarde. Media hora después teníamos que estar ya preparados en la barra que nos tocara, pues a esa hora se abría la puerta al público, compuesto sólo por hombres, claro.

No me costó mucho amoldarme, pues ya había trabajado como camarera y sabía perfectamente cómo desempeñar mi trabajo. Lo más importante era cuadrar bien la caja pues, si no, te tocaba poner la diferencia y la verdad es que a nadie le apetece acabar pagando después de tantas horas de trabajo. Lo bueno era que, además de tener un buen contrato con un sueldo base alto, nos sacábamos también una pasta en propinas y copas. Había días en los que hasta ciento veinte euros y, claro, eso era un estímulo a la hora de seguir currando. Además, como durante los cinco días laborables no hacía otra cosa que dormir-trabajar-dormir, pues no gastaba más que en desplazamientos. Luego, la mayoría de los días de descanso me los pasaba durmiendo, así que gastaba muy poquito, menos algún día que me lanzaba a irme de compras, que es uno de mis vicios más importantes.

Los camareros estaban todo el día tonteando con las chicas de alterne y nosotras, en los ratos muertos, nos dedicábamos activamente al marujeo. Para mí todo aquel mundillo tan curioso y con tanta gente diferente era toda una novedad.

Como dije, había chicas de todas las nacionalidades: rusas, brasileñas, cubanas, argentinas, etc. Lo que menos había era españolas, unas tres o cuatro como mucho.

Al cabo del tiempo hice amistad con algunas de las chicas e inconscientemente ejercía un poco de psicóloga. Muchas de ellas necesitaban a alguien con quien hablar de sus problemas, sus inquietudes y, sobre todo, con quien desahogarse sin miedo al qué dirán. Supongo que yo les transmitía tranquilidad porque sabía escucharlas y, si podía, las ayudaba, aunque sólo fuera aportando mi humilde opinión.

El encargado de barra andaba por allí cada dos por tres, vigilando lo que hacíamos y, si no había copas que poner, miraba que estuviéramos bien firmes y que no nos apoyásemos en la barra, algo que hacíamos todos en cuanto se despistaba. Buscábamos nuestros momentos para descansar un poco.

Un día estaba yo en una de las barras que hay en la entrada a la derecha, que están algo más resguardadas de los jefes. Dos chicas brasileñas pusieron una canción carioca en la máquina de discos de monedas y se pusieron a bailar, y yo, como no había nadie, me escapé de la barra y, más feliz que nada, me puse a intentar mover las piernas como ellas que, muy simpáticas, intentaban enseñarme. Me gusta mucho aprender pasos de baile.

La seguridad de las chicas

Desde el primer día pensé que un club como el Riviera, para una chica que quisiera ejercer la prostitución, era un sitio seguro, limpio y, sobre todo, con normas muy claras, tanto para ellas como para los clientes. Eso es bueno para que las chicas tengan cierta tranquilidad cara a esos posibles clientes bordes, que piensan que pueden pedir lo que se les antoje. Y es que hay muchos impresentables que se creen dioses con derecho a todo y que humillan a las mujeres de alterne o les regatean los precios.

Por este motivo, yo estoy a favor de que se legalice la prostitución, para que estas miles de trabajadoras que cobran en negro y que muchas veces tienen que trabajar en la calle, lo que considero una situación terrible, tengan alguna protección ante las mafias y los clientes desagradables y violentos, y también atención sanitaria como todo el mundo.

También hice amistad con algunos clientes, sobre todo con los habituales, que se sentaban en la barra y entre chica y chica te iban contando sus cosas. A mí lo que más me asombraba era cómo llegaban a sincerarse en algunas ocasiones con alguien, como yo, de la que no sabían nada. Algunos, muy fantasmillas ellos, me contaban con detalle todo lo que les gustaba en la cama, lo que hacían con las chicas, etc. Pero lo que más me llamaba la atención era cuando te hablaban de su situación personal, de su pareja, de su vida íntima. A alguno hasta se le saltaba la lágrima de cocodrilo cuando se ponía borrachillo. La mayoría estaban casados y ésos solían venir entre las cuatro de la tarde y las diez de la noche, en supuestos horarios de trabajo para no levantar sospechas en casa.

A veces era muy fuerte la situación, porque el cliente bajaba de estar con una chica y me comentaba sus impresiones de lo que había hecho en la habitación con ella, y al cabo de un rato me venía la chica y me contaba su propia versión del encuentro, muy distinta, claro.

A la mayoría de las chicas de allí no es que no les gustasen los clientes, no, es que directamente les daban asco. Sobre todo algunos que eran de lo más horrible y maleducados. A varios ya los teníamos fichados tanto los camareros como las chicas, que conocían de qué pie cojeaban, si eran más o menos guarros, si les gustaba alguna práctica en especial, etc. Cuando llegaba uno del que se sabía que tenía mucho dinero, las chicas intentaban estar con él el máximo tiempo posible, bebiendo copas o una botella directamente para sacarse un extra (la mitad se lo quedaba la casa). Si veían que la cosa se animaba, comentaban al cliente si le apetecía que entrara también alguna amiguita y así seguían la fiesta a tres bandas. La chica estaba así más relajada al estar acompañada y además su compañera le debía un favor por pensar en ella.

Yo también echaba un cable a las que yo conocía más, y si algún cliente me preguntaba o me pedía consejo intentaba colarle a alguna de mis amigas.

Había veces que se producían ciertos piques entre chicas por alguno de ellos. Un día vivimos una situación muy fuerte entre dos de ellas. Llegó un cliente que siempre se iba con la misma chica, una colombiana, pero ese día ella estaba en un servicio con otro cliente. Yo misma había visto cómo subían a la habitación. Mientras esperaba en la barra vino una niña preciosa, de nacionalidad marroquí, con una larga melena, y en dos minutos se lo había subido a la habitación.

Yo me quedaba con todo lo que estaba pasando e iba comentando la jugada con Eva, mi compañera de barra. Nos decíamos: «Ya verás la que se lía», pues sabíamos cómo se las gastaban las dos.

Total, que por fin bajó la colombiana y vimos cómo enseguida sus amigas se lo contaban todo.

Entre las chicas del local, aunque ningún cliente es exclusivo de ninguna de ellas, se solían respetar el territorio. Si sabían que un cliente venía siempre a ver a la misma, entonces las demás no se metían. Sólo si el cliente daba señales de querer otra chica se abría el corral, a veces una sola mirada bastaba para ello. Pero pese a estas reglas no escritas, que casi todas respetaban, algunas se mostraban airadamente posesivas con lo supuestamente suyo.

Y llegó el momento en que la colombiana se acercó a la marroquí y comenzaron a discutir:

—Tú, ¿de qué vas?

—No pone tu nombre en su frente y, además, tú estabas ya follando, ¿no?

—¿Y qué? Ese cliente es mío.

Al final acabaron tirándose de los pelos y estampándose contra la pared y, claro, las amigas de ambas también se liaron entre sí y aquello parecía una película del Oeste, pero protagonizada por las chicas del *saloon*.

Llegaron los de seguridad y las separaron a duras penas. Ahora les tocaba aguantar la bronca del jefe que las amenazó con que la próxima vez las echaba a la calle. Y no sería la primera que echaba a alguna chica por una pelea.

Las tácticas para conseguir clientes

El ambiente a la hora de cenar era muy especial. Nos juntábamos en un gran salón en el que había seis grandes mesas redondas y tanto los camareros como las chicas nos turnábamos para que la sala no se quedara vacía. A mí personalmente me encantaba el ambiente de esas cenas, con todas esas chicas a cada cual más *sexy* y ataviadas con poca ropa de colores muy vivos, con transparencias, minifaldas, conjuntos de lencería muy provocativos, vestidos ajustados... Algunas se ponían una chaqueta y otras eran recatadas, pero la mayoría iban medio desnudas. Realmente era todo tan colorido y tan cinematográfico que me hacía pensar en montones de posibles escenas que me habría gustado rodar.

Otro tema que traía mucha cola eran las tácticas de las chicas para conseguir clientes, que resultaban de lo más variadas y muy divertidas de seguir desde mi posición en la barra.

Estaban las que se lo tenían muy creído, algunas con razón, claro, que tan sólo esperaban a ser requeridas mientras paseaban por el local como si estuvieran desfilando por una pasarela. Lucían el palmito con altanería y orgullo hasta que algún cliente las veía y, tras algún amago, se presentaba a ellas. Normalmente preguntaban si querían subir con él y entonces se iniciaba la negociación: el precio, el tiempo del servicio y el tipo del mismo, pues los extras como la penetración anal, un lésbico y otras cosas que ya imaginas, eran más caras.

Luego estaban las que iban de cliente en cliente ofreciéndose sin parar, y merced a esa táctica tan tozuda siempre había alguno que caía. Y también estaban las tímidas o, en algunos casos, hasta acomplejadas por no ser muy agraciadas, a las que les costaba mucho más pillar clientes.

Por ello, algunas no paraban de subir y bajar de la habitación, y otras, sin embargo, no sacaban ni para pagar la cuota diaria de estancia. Así de dura era la vida de muchas.

El día a día en el Riviera era como el reflejo de la cruda y fría realidad de la vida de fuera, la que se resume en ese lamento tan popular de «unos tanto y otros tan poco».

Uno de los problemas que se encontraban a diario las chicas era el de los clientes que pedían felaciones sin preservativo. Iban preguntando, chica por chica, hasta que alguna, generalmente de las más necesitadas, accedía para poder facturar algo ese día y pagar su estancia.

En el lado contrario de la lucha de clases del Riviera estaban las que yo llamaba las «inteligentes». Eran aquellas que sabían cómo «enamorar» al cliente y sacarle todo lo que podían con excusas lacrimógenas de todo tipo: que si problemas personales, que si alguna tragedia familiar...

Algunas historias eran ciertas, pero la mayoría eran grandes argumentos de culebrones, y algunas chicas, actrices consumadas. Muchos clientes caían como tontos y, ellas, cuando los tenían en el bote, aprovechaban para quedar con ellos fuera del club, sin que se enterase el jefe, claro, pues lo tenían estrictamente prohibido. De esa forma podían quedarse con todo el dinero que sacasen sin tener que dar la mitad a la casa.

A mí me parecía bien que lo hicieran, ya que era su cuerpo serrano el que trabajaba y no el del jefe, que no se la tenía que lamer a nadie. Se arriesgaban a que se enterase y las echara pero, pudiendo llevárselo todo, para qué se iban a conformar sólo con la mitad.

Proposiciones en la barra

Entre las chicas del Riviera había unas cuantas lesbianas que no paraban de tirarnos los tejos a mí y a alguna de mis compañeras de barra. Se plantaban delante de nosotras con todo el morro y venga piropearnos. Recuerdo que había una argentina muy guapa que no paraba de decirme, cada vez que me veía, cosas como que en el momento en que lo probara con ella me encantaría, que le gustaría ser la primera mujer en catarme, y así.

Yo en aquella época, aparte de mis correrías adolescentes con mis amigas, no me había pegado ninguna juerga con chicas, como las que luego experimenté más adelante, y la verdad es que tenía bastante curiosidad al respecto, para qué te voy a engañar. Pero aunque ella era guapa, alta, con las curvas adecuadas, una melena de pelo negro y una mirada que no te dejaba indiferente, por alguna razón que no sé explicar no acababa de atraerme sexualmente. Por ello, a pesar de su insistencia, que no fue poca, no llegó nunca a pasar nada entre nosotras.

Por otro lado estaban también las propuestas indecentes de los clientes. Yo me hacía la interesante y les daba conversación para sacarles algunas copas extra, aunque luego ni me las bebiera, pero cada copa era dinero para mí, claro. Algunos, de hecho, sólo venían por las camareras y otros sólo para verme a mí. Aparte de que les gustara disfrutar del ambiente y sentirse importantes por el hecho de saber que ellos elegían, lo cierto es que no salían de la barra y algunas chicas se llegaron a quejar porque decían que les hacíamos la competencia. En realidad nosotras no hacíamos nada por gustarles, pero a ellos les dábamos más morbo, supongo que por ser las únicas con las que no se lo podían hacer.

Durante el tiempo que estuve allí me hicieron propuestas de todo tipo. Hubo un italiano entusiasmadísimo que desde el primer momento que me vio se quedó en mi barra y no paró de decirme que estaba perdiendo el tiempo, que con él sería todo más fácil, y acabó proponiéndome que si me iba con él en ese mismo momento me pagaría un sueldo mensual y que no me faltaría de nada. Hasta me puso en la mano las llaves de su Mercedes y me dijo: «Si te vienes ahora es tuyo.»

Yo le seguía siempre la corriente con la mejor de mis sonrisas, pero en esa ocasión le contesté que si estaba loco, que yo no podía dejarlo todo de pronto así, y menos por un desconocido.

Quizá más de una se hubiera ido con él, pero a mí, no sé si es algo bueno o malo, me gusta ser independiente y ganar dinero por mí misma.

Eso no quita que me aprovechase todo lo que podía de los plastas que querían ligar conmigo. Tampoco soy tan tonta y, mientras trabajaba, me iba pidiendo copas que luego pagaba el pesado de turno junto con las suyas. Aquello de estar mucho rato conversando con un cliente estaba prohibido pero yo me hacía la loca y así se me hacía menos pesado el paso del tiempo. Y, como he dicho antes, en realidad me encantaba escucharlos y ver que muchos hombres, a pesar de tener una buena situación económica y una familia modelo, no se conformaban con aquella vida. Necesitaban alguna aventura, una relación distinta a la de cada día, la novedad de una mujer desconocida o sentirse apetecibles por una vez, aunque fuera pagando.

A mi parecer sí que hay algo cierto en ese tópico de que buscan fuera lo que no les dan en casa sus mujeres. Pero también es cierto que aunque sus mujeres se lo dieran todo, tarde o temprano necesitarían buscar algo diferente.

Esto es lo que ellos mismos te acaban por reconocer, su obsesión continua por clavar una nueva pica en Flandes.

Los clientes más pesados eran los que venían en grupos, pues se ponían más chulitos y la verdad es que eran sobre el papel menos fáciles de dominar. Aun así, las chicas más expertas se acercaban a ver qué pillaban y, con la tontería del cachondeo entre unos y otros, los emborrachaban y, al final, los manejaban mucho mejor. Ya nos encargábamos los camareros de ponerles a ellas copas sin alcohol sin que los clientes lo supieran y así aguantaban, controlaban la situación mejor y acababan cobrando más. Imagina que tuvieran que estar las pobres toda la noche bebiendo. No aguantarían ni tres clientes. Aunque siempre había excepciones notorias, y no veas los «pedos» que pillaban algunas, no sólo de alcohol, también de cocaína y otras drogas.

Algunas, de hecho, también hacían negocio con la coca: algunos clientes sólo subían a la habitación si la chica llevaba. Ellas se la vendían mucho más cara y además así también se aseguraban de estar unas cuantas horas con el mismo cliente y con su propio colocón.

Realmente, cada día era diferente en el Riviera. Los peores eran sin duda los lunes, martes y miércoles, en los que venían muchos menos clientes. Esos días pasábamos largos ratos sin hacer nada y las horas se hacían eternas. Cuando no tenía trabajo escribía poemas que luego le daba a Ramiro, con dibujos incluidos, o tan sólo dibujaba.

En esos ratos libres también aprovechábamos los camareros para tomarnos juntos unos chupitos, para escaparnos un rato al baño y airearnos, fumarnos algún porrito y cotillear con las chicas.

Ramiro me controlaba mucho y me llamaba cada día a una de las cabinas de teléfono en mi hora de descanso.

Un día tuvimos una fuerte discusión pues, además de que era uno de esos en que el trabajo se te hace muy cuesta arriba, el asunto me pilló superdesprevenida. El caso es que me llega un mensaje al móvil, que creía lógicamente que era para mí. Emocionadísima me dispongo a leerlo y de pronto veo: «Raquel, cariño, ¿estás ya dormidita o te llamo? Aquello me sentó fatal; yo creía que pasábamos un buen momento y por lo menos yo estaba enamorada y él, en teoría, creía que también o por lo menos lo disimulaba muy bien. El mensaje en sí no decía nada, pero qué casualidad que ni siquiera había escuchado nunca aquel nombre.

Luego me indignó sobre todo que, cuando le llamé pidiendo explicaciones, me dijo que alguien se habría confundido, que a veces había interferencias y que yo estaba alucinando. Pero el remitente era él, así que llegué a la conclusión de que muy fiel no me era y para colmo resultaba que también era megaceloso.

Estuve trabajando en el Riviera nueve meses y, aunque parezca increíble, creo que aprendí muchas cosas importantes de la vida, sobre todo a valorar a las personas por encima de la profesión que ejercen o por la razón que la ejerzan. Hay mucha necesidad en esta vida, y está clarísimo que existen unas terribles desigualdades sociales y no sólo hablo de lo económico, también de lo afectivo y quizá de algo fundamental como es la suerte.

5

Sexo con mujeres

Como he comentado en otro capítulo, mi atracción hacia las chicas comenzó de una manera muy ingenua, casi como un juego, cuando era sólo una niña. Aunque yo me considero una mujer heterosexual y durante toda mi vida he tenido relaciones de pareja con hombres, parece que aquellos episodios dejaron una puerta abierta que nunca he cerrado del todo.

Tras aquellos juegos y tocamientos preadolescentes tuvieron que pasar unos cuantos años hasta que llegara mi primera vez de verdad. Ya tenía veintiún años y entonces sí que fue de manera totalmente consciente, y creo que muy acertada.

Sucedió una noche, tomando unas copas con un grupo de amigos en Barcelona. Me encontré de pronto esperando en la típica cola de los aseos de chicas, que siempre están a tope, y allí entablé conversación no sé muy bien cómo con una guapa morenaza de armas tomar llamada Rebeca. Era norteamericana, de origen latino y estaba pasando unos días en España con su novio. Me dijo de pronto que yo le parecía una chica muy *sexy* y me miró de una manera que me dejó sin aliento, pues no me esperaba nada parecido. Rebeca era muy guapa y con una apariencia muy cuidada, estilo niña pija con vaqueros de marca. No era muy alta y llevaba el pelo recogido en un delicado moño.

Cuando salimos del baño me presentó a su novio que, al igual que ella, era muy elegante y atractivo. Era de mi altura y tenía el pelo negro muy brillante.

Después de un buen rato charlando con ellos en la disco, riendo y bailando, me preguntaron si me apetecía ir con ellos a su hotel, a tomar otra copa y seguir la noche.

Yo acepté casi sin pensarlo, pues realmente estaba muy a gusto con ellos y además el plan era ideal ya que se alojaban en el hotel Arts, uno de los más lujosos de la ciudad, que quedaba justo al lado de donde estábamos. A mis amigas les dije que me iba a casa para que no cotillearan a mis espaldas.

La habitación era increíble y tenía unas vistas de infarto sobre el mar y la ciudad. A todo esto, añadieron unas copas de champán y comenzó la fiesta.

Nada más brindar, ella y yo nos lanzamos a besarnos y abrazarnos y nos fuimos desnudando mutuamente. Según caía la ropa fui descubriendo un cuerpo moldeado de gimnasio pero muy fino, y unos pechos operados pero con un tacto muy natural. Luego se soltó su larga y suave cabellera morena y empecé a acariciar toda su esbelta y cuidada silueta. Disfrutaba mucho con ella mientras su novio nos observaba desde el fondo de la amplia habitación. Poco a poco se fue acercando y, mientras yo acariciaba a su novia, él le besaba el cuello. Al poco ya éramos los tres en uno y al final, mientras él la penetraba, yo la besaba en la boca.

Lo pasamos realmente muy bien, fue muy relajado y placentero y sobre todo surgió con mucho respeto.

Al rato nos despedimos, ellos me dieron su número

de teléfono para que los llamara y me fui a casa. De camino al ascensor pensé qué razón tenía una amiga lesbiana cuando me decía que el día que probase con una chica me gustaría mucho.

Lo único malo de esta aventura es que perdí el número de Rebeca. Mala suerte, aunque a lo mejor era lo que tenía que pasar, tener un solo encuentro maravilloso con aquella deliciosa y estupenda pareja de veinticinco y treinta años respectivamente, de buena familia y con tan buenos modales.

Este idilio de una noche se lo oculté a mi novio de entonces, Ramiro, igual que él me ocultaba muchas cosas que yo descubría después, aunque casi siempre me hacía la tonta. Debo recalcar que realmente nunca le fui técnicamente infiel, pues nunca estuve con otro hombre mientras duró nuestra relación, y lo de las mujeres pienso que no era exactamente engañarlo.

Sí le conté otra historia con una amiga suya de toda la vida que tenía la misma edad que yo y con la que casualmente tuve que pasar una noche en Madrid. Yo iba a hacer una sesión de fotos para la revista *Interviú* y ella, que se enteró por Ramiro, me invitó a quedarme en su casa a dormir. Ella siempre salía con chicas. Le gustaban mucho y, aunque alguna vez había estado con algún chico, le iban más las mujeres. Era una persona muy liberal y se pegaba unas fiestas de cuidado. Desde que me la presentó Ramiro siempre me la encontraba con una novia diferente, a cada cual más guapa. Ella es rubia natural, no muy alta, delgada, casi sin pecho, pero con un cuerpo muy bonito y con cara de niña mala.

Hasta entonces nunca me había sentido atraída por ella, pues a mí me gustan las mujeres con pechos grandes, pero lo cierto es que me daba mucho morbo. Esa noche en cuestión, cuando ya nos encontrábamos en la cama de su habitación (compartía piso con otras dos chicas) yo estaba de lo más excitada. No sé si fue el morbo de saber que le gustaban las mujeres o simplemente que me apetecía ese día, pero allí estábamos las dos fumando unos cuantos porros y riéndonos de todo. Sin cortarme nada, cosa poco habitual en mí, le susurré de pronto:

—No sé qué me pasa, pero estoy muy cachonda.

Ella se quedó bastante sorprendida y contestó:

—¡Celia, no me digas eso! —y suspiró.

Nos lanzamos a la vez a besarnos y comenzamos a meternos mano, sobre todo ella, pues estaba con la menstruación y centramos la actividad en mi cuerpo.

Fue muy agradable para ambas. Las dos disfrutamos mucho aunque seguro que ella se quedó con ganas de que explorara también su sexo.

Otro recuerdo agradable de sexo con mujeres lo conté antes en el capítulo sobre mi relación con Ramiro. Fue un día que fuimos a un local de intercambio de parejas en Barcelona donde conocimos a una pareja francesa: yo acabé haciéndomelo con ella y pasando de los chicos por completo. La francesa en cuestión era robusta, grandota pero lo justo, y con unos pechos como a mí me gustan: talla 110 natural.

Esa vez fue ella la que se acercó a mí y desde el principio dejó claro que sólo quería enrollarse conmigo. Yo la seguí encantada, además no me gustaba su acompañante.

Cuando me quise dar cuenta ella y yo estábamos totalmente metidas en faena. A ella le gustaba dominar y en ese momento a mí me apetecía ser dominada, así que ella me movía y me acomodaba como si fuese una muñeca. Había momentos en los que parecía que volaba. No me di cuenta. Lo más fuerte fue que ni si quiera nos dijimos los nombres, ni nos cruzamos teléfonos. Simplemente nos dejamos llevar por el momento.

Otro día, en aquel mismo local de intercambio de Barcelona, me encontré con una chica morena con *piercings* en la boca y en los pezones. Era un cañón. Ramiro y yo nos pusimos a su lado. Yo comencé a acercarme a ella y al rato nos besábamos con ardor. Seguimos un largo rato a lo nuestro, ignorando lo que pasaba alrededor y, cuando me quise dar cuenta, había varias manos desconocidas tocándonos y un gran ajetreo de cuerpos a nuestro alrededor.

Seguimos a lo nuestro, pero dejando que aquellas anónimas manos nos tocasen sin parar. Era una mezcla de placer, misterio y morbo. Aunque al principio me costó, me encantan esos lugares, pues en ellos consigo desinhibirme.

Después de un largo rato me levanté de la cama comunitaria y me fui a duchar. Estaba chorreando y aproveché para pedir una copa por el interfono que había junto a las taquillas.

Cuando me estaba duchando apareció la chica de los *piercings* de nuevo y se metió conmigo en la ducha. Yo, claro está, la recibí encantada. Las dos solas con el agua cayendo por nuestros cuerpos. ¡Qué bien lo pasé esa noche!

Otra gran noche lésbica de mi vida fue con una exuberante *stripper* pelirroja que conocí en la presentación de una revista. Ella me entró casi como una fan, diciendo que yo le parecía una persona increíble, que le encantaba como mujer y como actriz y que tenía muchas ganas de conocerme mejor.

Nos dimos los teléfonos, pero no llegó el gran momento hasta que, semanas después, quedamos un día por la noche a cenar. Tras tomar algo y hablar de nuestros respectivos trabajos, de alguna relación de pareja, etc., ella me contó que no pasaba por un buen momento.

Me confesó que estaba con un chico que no le convenía y me dejó entrever que no le era muy fiel. A todo esto ya eran las cinco de la mañana y estábamos cansadas de bailar y de que los chicos nos entraran una y otra vez. Y es que una rubia y una pelirroja solas parece que dan pie a que te vengan y lo intenten sin parar. Decidimos retirarnos y, como ella vivía lejos de Barcelona, le ofrecí que se quedara a dormir conmigo y así lo hizo.

Nada más llegar a casa salimos a la terraza y fue ella la que se lanzó sobre mí, aunque yo tampoco tuve reparos y la seguí. Mientras nos besábamos y nos tocábamos por encima de la ropa fuimos dejando un camino de prendas hasta la cama. Todo era muy peliculero. En el dormitorio seguimos ya casi desnudas y la verdad es que fue un encuentro de lo más apasionante. La pelirroja estaba muy bien. Tenía un cuerpo trabajado de gimnasio, para mi gusto quizá demasiado fuerte, un pecho enorme operado y un trasero de lo más *sexy*. No estuvimos mucho rato, alrededor de una hora.

Nos acariciamos, nos besamos, nos masturbamos... Incluso cogí un vibrador de dos cabezas con el que finalizamos nuestro arrebato sexual.

Pero, aunque fue una noche estupenda, creo que no disfruté tanto como con la francesa o con la chica del Arts. No sé si me encontraba cansada o es que quizá la prefería como amiga que como amante.

Otro día estaba en casa viendo un canal de TV local en el que por la noche ponen películas X y mensajes de gente que busca relaciones sexuales: homosexuales, lesbianas y heterosexuales..., un poco de todo.

A mí me dio por apuntar varios teléfonos de chicas que sólo querían relaciones lésbicas, nada de hombres, especificaban muy claramente.

La primera a la que llamé, días después, fue a una que se llamaba Carmen. Cuando escuché su voz y hablamos un rato me dio la sensación de que era una mujer de unos cuarenta años, muy espabilada y experimentada sexualmente.

Me hablaba con voz suave, como si de un teléfono erótico se tratara. Y el caso es que me lo hice con ella por teléfono. Estaba acostada, con todas las luces de casa apagadas y en absoluto silencio. Su voz se sentía tan cerca... Ella me contaba lo que se estaba haciendo y lo que me haría si estuviese a su lado. Yo me dejaba guiar y le contestaba sensualmente y así a lo tonto estuvimos más de una hora y media.

A los dos días me llamó ella por la tarde y no cogí el teléfono pues en ese momento estaba en casa con más gente.

Me llamó de nuevo por la noche y se notaba que quería seguir jugando. Yo, en realidad, lo que quería era conocerla, saber cómo era y le dejé caer lo de vernos. Ella me contestó que estaba casada y que sólo lo hacía por teléfono. A mí me pareció bien su postura pero yo quería más así que lo dejé estar con ella y lo intenté con otro número de los que tenía de la otra noche.

En esta ocasión empecé mandando un mensaje a una tal Sara, la nueva mujer en cuestión, comentándole que me gustaría conocerla. No le dije mi nombre verdadero, sino el primero que me vino a la cabeza: Laura.

Me llamó una hora después y estuvimos hablando por teléfono mucho rato. Tenía una voz muy dulce. Yo me la iba imaginando. Le fui preguntando cómo era físicamente y, por lo que decía, tenía muy buena pinta. Para conocernos en persona, quedamos una noche a las doce en el Paseo de Gracia. Yo iba muy arreglada, con vaqueros, una chaqueta a juego y unos buenos tacones. Cuando llegué, Sara ya me estaba esperando y se correspondía con la idea que me había hecho. No era muy guapa pero tenía ese punto atractivo que a mí me gusta. Ese punto de sí pero no... Nos fuimos a tomar algo y mientras bebíamos me iba contando que estaba estudiando empresariales y que se acababa de ir de casa porque necesitaba sentirse libre.

Tenía algo de *hippy* y a la vez de chica de hoy en día que mezcla tendencias a la hora de vestir. Yo me iba fijando en todos sus movimientos, en su forma de hablar, en sus labios, en lo que se adivinaba de su cuerpo a través de una malla negra que llevaba puesta que le marcaba el culo. Lo cierto es que parecía estar muy bien de cuerpo y además era muy maja, con buenos modales y aparentaba ser una persona tranquila.

Después de un rato bebiendo en el bar, ya algo más colocadas las dos, nos fuimos al baño y allí nos enrollamos. Estaba tan excitada... El ambiente del baño solitario me subía todavía más la libido, precisamente porque en cualquier momento nos podían pillar. Ella besaba muy bien, algo que a mí me gusta mucho. Nos metimos mano con pasión y nos corrimos las dos muy pronto. Primero ella, gracias a mi juguetona mano derecha, y luego yo, unas cuantas veces.

Después de esa noche nos seguimos llamando, pero por mi culpa no volvimos a quedar nunca. Entre que no tenía mucho tiempo y que cuando lo tenía no me apetecía, al final perdimos el contacto.

Me resulta muy agradable la sensación de deseo entre

dos mujeres, me alivia. Es diferente que con un hombre y, precisamente por eso, cada cierto tiempo necesito estar con una mujer, una mujer apasionada, que se deje llevar.

En un par de ocasiones me habría gustado estar con algunas que conocí de vista en el gimnasio. Lanzarme e invitarlas a salir, a tener una aventura. Pero noté, simplemente observando, que a una de ellas no le atraían para nada las mujeres (prefería siempre llamar la atención de los chicos aunque luego no se enrollaba con ninguno) y la otra, aunque estaba muy bien físicamente, no tenía ese punto «agresivo» que a mí me gusta. No me atraen las chicas con cara de buenas o angelicales.

Hay algo de lo que me he dado cuenta a lo largo de mis años de aprendizaje en el sexo y es que cuando estás enamorada disfrutas más. Es el placer absoluto cuando se juntan amor, pasión y sexo. Pero ello no quiere decir que no puedas practicar sexo sin estar enamorada. No se puede comparar, pero si tienes ganas de disfrutar de sexo puro, sin ningún tipo de atadura o de afecto, puede estar también genial para quitarte el estrés. Sexo sin complicaciones, sin ni siquiera saber el nombre de la otra persona. Sexo por puro placer físico.

Gran parte de mis relaciones con mujeres han sido de este tipo. Sin ataduras, sin nombres, sin amor. Placer en estado puro.

6

Compañeros de profesión. Actores favoritos

Si me pidieran que diera un solo nombre, que eligiese a la persona que más me ha gustado o influido dentro del mundo del cine X, sin duda alguna elegiría a una actriz estupenda, a mi admirada Jenna Jameson. Una supermujer guapísima, con un cuerpo de escándalo y que ha tenido romances con Bruce Willis, Nicolas Cage y medio Hollywood, como desveló en su picante autobiografía.

De ella me gusta casi todo. Su manera de practicar sexo, en el que se muestra como toda una mujer *sexy* y sensible, pero a la vez con un puntito masculino que deja entrever en alguna escena suelta de sus magníficas producciones, donde, por ejemplo, se pone un *dildo* con arnés y goza penetrando a otra actriz como si de su propio pene se tratara.

Jenna está hoy por hoy un piso más arriba de las demás y creo que si ha llegado a su nivel de gran estrella no es sólo por practicar buen sexo ante las cámaras, sino por tener también muchas más cualidades, entre ellas una personalidad fuerte, un buen olfato para los negocios y saber sacar partido a su estatus de estrella del porno. Su ejemplo muestra que muchas actrices del género X, si se lo montan bien, pueden llegar a retirarse jóvenes de la pantalla con dinero fresco en el banco y negocios propios para el futuro.

Un poco de historia. Algunos de mis grandes mitos femeninos

A los que seáis recién llegados a este mundillo del porno debo deciros que, desde luego, no es algo nuevo de nuestra generación el interés por el sexo y el cine X.

Hace muchos años que tanto estrellas femeninas como masculinas brillan con luz propia en ese *star system* paralelo, prohibido en muchos sitios y semioculto en muchos otros.

Y aunque creo que seguirá siendo aún durante mucho tiempo un poco un gueto, hay también una demanda cada vez más creciente por parte de chicos y chicas jóvenes, y el mercado crece y crece como la espuma. Todo un milagro, ¿no?, sobre todo cuando preguntas en la calle y nadie reconoce que ve pelis porno. Pues nada más falso. Estudios muy serios afirman que más del noventa por ciento de los españoles lo ha hecho alguna vez.

Durante la década de los setenta y principios de los ochenta, aunque no existía un *star system* mediático muy relevante, ahí estaban ellas y ellos, pioneros del género, trabajando sin parar y creándose poco a poco un nombre que, sin duda, muchos asiduos al género todavía recuerdan con cariño.

Es el caso de René Bond, una pequeñita fiera sexual (San Diego, EE.UU., 1950), que tras trabajar en una serie de películas de serie B rodó una veintena de estupendas películas X (*Snow business*, 1970; *Teenage fanta-*

sies, 1980; etc.) atreviéndose incluso a devorar el aparato de todo un superdotado como John Holmes; también de Marilyn Chambers (Connecticut, EE.UU., 1952) pionera del sexo anal y la diosa indiscutible del porno *hippy*, que protagonizó la mítica *Tras la puerta verde* (1973) o *Furor insaciable* (1980) o *Rabia* con Cronemberg, fuera del mundillo del porno...; de Terry Hall (EE.UU., 1952) que rodó otras cincuenta películas, entre ellas la obra maestra de Gerard Damiano (EE.UU., 1928): *Historia de Joanna* (1975), donde encarnaba a una gran dama iniciada por el perverso Jamie Gillis en las artes del divino Marqués de Sade o *Alicia en el país de las pornomaravillas* (1976).

Annie Sprinkle (Filadelfia, EE.UU., 1954), otra de las pioneras, empezó su carrera a los diecinueve añitos y se convirtió en icono del primer porno contracultural. En los setenta se fue labrando una carrera que años más tarde explotaría en infinidad de actuaciones en *shows* en vivo a lo largo y ancho de Estados Unidos. Trabajó asiduamente con Gerard Damiano, considerado por muchos como el mejor director X de la historia, y algunos de sus títulos con más morbo son *Tarta de miel* (1974), *My master, my love* (1975), *Consenting adults* (1981), etc.

Annette Haven (Burbank, EE.UU., 1953) es una de las norteamericanas más populares de todos los tiempos y curiosamente una de las más recatadas y frías. No permitía que le practicaran sexo anal ni eyaculaciones en su boca. Se la recuerda en *Memorias de una pulga* (1976) o *Las mujeres de Sade* (1976). Marilyn Jess es otra de buenos modales folladores y con un cuerpo muy bello y femenino que tuvo su cenit cuando se lo montó con la archifamosa Traci Lords en *I love you* (1986).

Brigitte Lahaie es la emperatriz del porno francés y

comenzó con sólo dieciocho añitos por un anuncio del periódico.

La fogosa Dorothy Lemay es una secundaria de primera. Gloria Leonard, también conocida por el sobrenombre de «La gran dama del porno», debido a su tremenda clase, hizo historia en la aplaudida saga *Taboo american style* (1985).

Mai Lin (EE.UU., 1953), una simpática tigresa de uñas interminables y rasgos orientales, debutó en 1975 con *Black silk stockling*, luego brilló en *Sex Wars* (1980), especializándose después en breves papeles de sirvienta complaciente.

Linda Lovelace (Nueva York, 1951), la primera actriz-actriz del cine porno, apenas interpretó media docena de películas, y a partir de 1981 renegó de su pasado X. Ella fue la protagonista de la legendaria *Garganta profunda*, de Gerard Damiano (1972), una de las películas más populares de la historia del género en el que al personaje de Linda le implantaban el clítoris en la garganta para que se convirtiera en una perfecta y obsesiva *felatriz*. También destacó en *Miss Lovelace meets Miss Jones* (1973) y *Confesiones de Linda Lovelace* (1974).

Sharon Mitchell (Nueva Jersey, EE.UU., 1958) es un caso curioso dentro de la industria *hard*. Se la considera una auténtica leyenda por su increíble cifra de más de dos mil títulos X (*Waterpower*, 1975; *Los polvos del diablo*, 1982; etc.), a pesar de su *look* tan poco libidinoso: era alta, fea y desgarbada. Estuvo tres décadas en la brecha, se especializó en escenas lésbicas hasta 1994, cuando se animó a dirigir y se atrevió con *Junkyard Dykes*.

Olinda (Suecia, 1957), la doble en el porno de Marilyn Monroe, en *Marilyn mon amour* (1983), es una sueca cuyos títulos mas destacados son *Las Libertinas* (1980), *El*

Campeonato mundial del amor (1983) o *Cuentos porno en Ibiza* (1984). Fue una de las estrellas del porno europeo de los ochenta.

Teresa Orlowski (Cracovia, Polonia, 1953), la vieja loba del X europeo, se ganaba la vida haciendo la calle y tuvo la suerte de que se fijara en ella Hans Moser, un ávido empresario con quien fundó la Video Teresa Orlowski, una auténtica factoría del sexo duro. Era experta en filmar con varios hombres y tenía un *look* muy neumático.

Vanessa del Rio (Nueva York, EE.UU., 1952) es una chica neumática de ascendencia cubana, conocida también por Vanessa Dinamita debido a su tremenda fogosidad y su descomunal clítoris. En 1972 se estrenó con *China doll* y durante diez años se mantuvo en lo más alto con títulos como *Las fantasías de Vanessa* (1979) o *Beyond Desiré* (1986). A los treinta y cuatro años, tras siete de carrera, dejó el X y fundó su propio gimnasio. Pasó a la historia por su voluptuosidad e incansable fama de *felatriz* múltiple.

La tremenda morena Loni Sanders (EE.UU., 1958) con más de ochenta películas, encarnaba en la mayoría de las ocasiones a sonrientes secretarias, enfermeras ligeras de cascos y traviesas adolescentes. Algunas de sus mejores películas son *Sexy vacaciones en el mar* (1980), *Trashi* (1981), *Nightdreams* (1981), la serie *Swedish erotica*, etc.

Seka (Virginia, EE.UU., 1954), rubia platino, fue la más glamurosa emperatriz del porno estadounidense de los primeros ochenta. Debutó en 1978 en la extravagante *Drácula chupa*, donde compartía estrellato con el legendario y muy bien dotado John Holmes, y se consolidó como una de las rubias con más clase. Se retiró en 1986 con más de cien películas detrás como *Blonde on fire* (1979) o *Ultra flesh* (1980), pero antes le dio tiempo a masturbarse con un tacón en *My sister Seka*. Sorprendentemente, en 1993 volvió al ataque con lencería fina de manos de Henri Pachard y después de esto nunca más se supo.

Serena (California, EE.UU., 1957), otro gran mito norteamericano con una producción inabarcable y un sello que lleva su nombre, comenzó a mediados de los setenta con *Tarta de miel* y brilló también en *Small town girls* (1979) y *Mai Lin contra Serena* (1982); estuvo muchos años en la cima. Esta rabiosa pelirroja se atrevió con todo y tuvo romances de una noche con personajes tan famosos como Hugh Hefner y Warren Beatty, aunque el más sonado fue con Jamie Gillis.

Georgina Spelvin (Texas, EE.UU., 1936) otra de las actrices que tuvo la suerte de debutar en el X con un gran clásico como fue *El diario de la señorita Jones* (1973). Tenía entonces 37 años, y una carrera teatral a sus espaldas, algo poco usual en el negocio, pero que la ayudó a conseguir papeles de mujer madura con encantos morbosos en algunos títulos como *Las tardes privadas de Pamela Mann* (1974), *Babylon Pink* (1979) y otras.

Ginger Lynn (Illinois, EE.UU., 1962) es una de las más celebradas actrices X norteamericanas, con aire de animadora de la NBA. Tras unos comienzos difíciles fue de las más solicitadas durante años en todo el mundo y nunca dijo no a ninguna postura o escena por fuerte que fuera. Años después de retirarse quiso seguir una carrera en el cine convencional con desiguales resultados y volvió al porno en 1999 con *Desgarrada*. Mantuvo un sonado romance con Charlie Sheen. Sus pelis mas celebradas fueron *Ten little maidens* (1985), *New wave hookers* (1985) o *Ginger & Spice* (1986).

Traci Lords (Ohio, EE.UU., 1968), otro de los grandes mitos, que empezó como menor de edad y que cuenta con cientos de títulos como *Chicas malas* (1984) o *Educando a Mandy* (1985) y miles de páginas web. Su fogosidad en la cama y su cara aniñada le proporcionaron fans en todo el mundo. Incluso John Waters le dio un papel en su película *Hair Spray*, y tuvo otro par de *cameos* en películas convencionales hasta desaparecer del negocio. Fue investigada por el FBI por falsificar su carné, hizo un disco tecno, y escribió su biografía.

Y también a finales de los ochenta celebridades europeas como Joy Karin's (París, 1967) neumática y gran *felatriz* (que trabajó mucho con Mario Salieri), Laura Valery, Sandrine Van Herpe, Charlene o Sofía Randovic formaban parte de una generación de *felatrices* que marcaron al rojo vivo las películas X de esa época que se producían en Francia e Italia.

Cómo son las nuevas actrices X

Por supuesto, en los tiempos más recientes sigue habiendo grandes actrices, estrellas y chicas nuevas que intentan hacerse un hueco en esta industria. El negocio crece y salen muchachas de todas partes, últimamente sobre todo de Europa del Este, donde está el nuevo centro del negocio, además de en Estados Unidos, por supuesto.

De todas ellas las que a mí más me llaman la atención son, hoy por hoy, Jenna Jameson, mi favorita, por supuesto, Laura Angel, Silvia Saint, Ava Vincent, Stephanie Swift, Nikita Denise, Asia Carrera, Zara Whites, Michelle Wild, Stacy Silver y alguna otra que quizá me deje en el tintero.

Pero conviene volver por un momento a la realidad y constatar que, incluso en este atractivo, virtual y enigmático mundo del cine X, esas estrellas tan admiradas también tienen una vida privada. Una vida tan normal como la de cualquiera. Muchas de ellas, aunque a algunos estrechos de mente les pueda parecer increíble, tienen también pareja y a menudo una vida sentimental de lo más convencional. Y, lo más importante, casi todas tienen unos principios que ya les gustarían a muchos de esos moralistas que las juzgan, después de hacerse sus manitas mirando sus fotos o sus películas. Son personas que, ante todo, saben valorar y diferenciar perfectamente el amor del sexo, algo que creo que confunde a la mayoría de la gente hoy en día y que lleva al fracaso a muchas parejas.

Conforme me fui adentrando en este mundo, pude comprobar que es gente de lo más sana en todos los aspectos. Gente que cuida su imagen, que hace ejercicio, porque esos cuerpos que normalmente se ven en las películas lógicamente hay que mantenerlos y además, por regla general, lo hacen por satisfacción propia, para sentirse mejor. El tópico de que se pasan el día entero de fiesta en fiesta es totalmente falso. Claro que las tienen cuando acaba un rodaje, o en la entrega de premios de los festivales, pero, desde luego, no todos los días ni a todas horas. Doy fe de ello.

Esta profesión, por otra parte, también te da la oportunidad de viajar mucho y conocer nuevos países, y su gente, claro.

En cuanto a relaciones y amistad entre actores y actrices, como en cualquier grupo humano, está claro que siempre tienes más *feeling* con unos que con otros. Y no necesariamente tienen que convertirse todos en tus amigos del alma. Con que haya una buena relación laboral, a mí ya me vale. Además, ya se sabe eso de que mezclar amistad y trabajo no suele salir bien.

Otra de las cosas que también aprendí cuando comencé en este negocio es que, en el mundo del X, las productoras, los directores, los actores, etc., tienden a formar círculos muy cerrados, algo que en otros gremios, como por ejemplo el cine convencional o la publicidad, he comprobado que también sucede.

Además, descubrí que si tienes un poco de cabeza para llevar tu dinero, y no gastas a lo loco, puedes llegar a vivir muy bien de este trabajo e, incluso, poder retirarte a una edad temprana. Pero como en la moda o el cine, sólo algunos, y sobre todo algunas, gozan de este privilegio.

Yo espero llegar a ser una de ellas y dentro de unos pocos años estar llevando mi propia productora.

Mis incursiones en el videoclub

Hubo una temporada en la que cada vez que iba al videoclub tenía que entrar a toda costa en la sección de vídeos X a cotillear y me partía de risa cuando algún chico o no tan chico me miraba de reojo, como extrañado de ver a una mujer mirando pelis para adultos. Con la de amigas que tengo que hacen lo mismo. Un día que andaba buscando en las estanterías una comedia de esas románticas pero divertidas, me percaté de una situación muy graciosa: un chico de unos treinta años no hacía más que pasar por delante de la puerta de la zona X (muy similar a la típica de los bares de las películas del Oeste), sin atreverse a entrar. Me miraba por encima, a ver si me iba, y yo pensaba: ¡Cómo son estos hombres, qué poco naturales! Al poco rato decidí entrar yo, tan natural y, también, ¿por qué no?, para chincharlo un poco.

Como ya conté en otro capítulo, cada vez que salía del videoclub me llevaba cuatro pelis: dos comerciales y dos X.

Entre las X yo ya tenía mis preferidas, como las dirigidas por Salieri, Andrew Blake, Silvio Bandinelli o las de la productora Vivid con Jenna Jameson como protagonista, y alguna otra que me llamara la atención por la carátula. También cogía de vez en cuando alguna producción española de José María Ponce o Narcís Bosch, o de *Private*, dependiendo de qué actrices aparecieran. Curiosamente me llaman más la atención ellas que ellos.

De las dos películas X, la que era para mí tenía que estar muy cuidada, tanto el estilismo, como el reparto, el director, etc., y la otra, para Ramiro, más tipo *gonzo*, ese estilo tan salvaje, casi «dogma», de pelis de colegialas, chicas con cara de niñas, casi todas rodadas por los propios actores. Así cada uno tenía su ración diferente.

En las producciones españolas aparecían casi siempre los mismos actores y actrices. Nombres como Nacho Vidal, Ramón Nomar, Sara Bernat, Chips Marlow, Jade, Roberto Malone, Eva Morales, Candela, Tabalia Griffin, Daniela Rush, Sandra Ruso, Carmen, Sophie Evans, Toni Ribas, Max Cortés, Rita, etc., copaban casi el noventa por ciento de las películas realizadas en España.

Por aquellos años, José María Ponce era sin duda el director número uno y, desde luego, el más popular. Tras sus pasos estaba un joven director llamado Narcís Bosch que, aunque no era muy conocido todavía, se fue afianzando con un estilo propio muy original y trabajado. Algunos lo llamaban el Tarantino del porno por la marcha de sus escenas y sus guiones tan negros y salvajes. Hoy por hoy es el director estrella de la productora IFG con quien además ha ganado recientemente dos premios en el prestigioso festival erótico de Las Vegas por su película *Hot Rats*. Estos premios son un poco como los Oscar del cine comercial y ayudan mucho a que una película se venda mejor en Estados Unidos y otros países.

Pero, volviendo a mi videoclub de principios del nuevo milenio. Allí alquilaba títulos españoles muy interesantes como *Gothix*, quizá la mejor película de Ponce, *La venganza de Johnny*, *Perras callejeras*, *Torero*, *Sexo en el diván*, *Taxi Hard*, *Psycho Sex*, *Embrujo sexual*, etc.

Luego había infinidad de películas de lo más cutre, con una pinta horrible que ni siquiera me molesté en ver.

Además de los títulos españoles que cogía, más que nada para ver qué se hacía aquí en España, casi siempre alquilaba producciones de fuera y sobre todo las de las productoras Wicked Pictures, Vivid, Serena, Private, Negro y Azul...

Mis actrices favoritas de esa nueva década eran Jenna Jameson, Briana Banks, Anita Dark, Tera Patrick, Michelle Wild y Sophie Evans, la gran estrella húngara afincada hace años en España.

Recuerdo que cuando vi por primera vez a Sophie en una película estaba mucho más delgada y rubia de lo que está ahora. Mi impresión mientras la observaba actuar era que me encontraba ante una auténtica máquina sexual. Me llamó la atención algo curioso y es que sólo trabajaba con Toni Ribas, una cosa muy extraña en el mundo del porno. Cuando me enteré de que era su marido lo comprendí mejor.

Dos ídolos a juicio

Y luego estaban ellos, los primeros espadas del cine europeo: Nacho Vidal, el actor con el que hice mi primera película X, que por cierto acaba de ponerse de moda otra vez gracias a un videoclip de Miguel Bosé en el que aparece desnudo, y Rocco Siffredi (Ortona, Italia, 1964), la megaestrella y mentor y maestro del propio Nacho que se ha convertido en su sustituto en la industria.

Ninguno de los dos me atraía especialmente por su físico, pero sí por lo buenos actores que son, pues ya se les veía que sabían bien lo que se hacían. Personalmente Rocco me gustaba más, especialmente en las primeras películas que vi. Tenía escenas de lo más sensuales y apasionadas y, pese a su tremendo aparato, iniciaba a muchas chicas tanto en coitos convencionales como en la práctica anal de una manera que me encantaba, con mucho respeto. Me acuerdo que después de una excitante escena de sexo le daba a la chica unos besos y morreos que me ponían la piel de gallina. Me encantaba aquel Rocco, para mí era como el hombre que toda mujer necesita en algún momento de su vida en la cama, aunque sólo sea por una noche.

Al cabo de cierto tiempo, volví a coger otra peli suya y me sorprendió encontrar en lugar de aquellas escenas estupendas y sensuales a las que me tenía acostumbrada una historia salvaje de humillación, totalmente degradante, con una chica llamada Kelly. Desde entonces no he vuelto a ver ninguna más. Sé que a muchos hombres les da morbo este tipo de sexo duro y casi brutal, supongo que tiene que haber películas para todos los gustos, pero a mí no me van. Yo creo que soy apasionada en el sexo, pero no tanto como para llegar a esos extremos.

Nacho Vidal, que ha seguido los pasos de Rocco en estos últimos años, también tiene una línea bastante fuerte de películas *gonzo*, aunque él se amolda bien al estilo de cualquier director, como buen actor que es.

Cuando lo vi por primera vez en una peli de José María Ponce pensé: «Está bien equipado y además sabe utilizarla.» Es uno de esos pocos actores masculinos que aunque lo enfrentes con la chica menos agraciada del *casting* mantiene muy altos el morbo y el clímax de la escena.

Recuerdo que estaba viendo una película X y apareció en ella Nacho recostado en una cama con una menuda y delgada chica asiática. Ella no tenía ninguna curva y de cara era muy normalita, parecía una niñita buena. Yo pensé: «Madre mía, no le va a caber a esta niña.» Total, que resultó que la escena fue de lo más movidita, sobre todo porque Nacho la movía de un lado para otro como si fuera una muñeca y ella desde luego parecía disfrutar, y de qué manera. Cuando terminó la escena, que por cierto me hizo su efecto y me incitó a masturbarme, pensé que si el chico hubiera sido otro la escena no habría tenido ningún gancho, sobre todo porque la chica no tenía nada especial y era de lo más anodina.

Gente corriente

Mis impresiones antes de conocer a algún actor o actriz X estaban influidas lógicamente por cómo los veía comportarse ante las cámaras. Sin embargo, en la mayoría de los casos, me sorprendía de lo normales que pueden llegar a ser en su día a día y fuera del set de rodaje.

A unos de los primeros actores que conocí fue a Sophie Evans y Toni Ribas que, como expliqué antes, están casados en la vida real. A mí desde fuera me parecía bonito que sólo trabajasen juntos, pero supongo que, con la cantidad de películas que hacían, al final a la gente y a los directores, por muy bien que lo hicieran, les acababa por resultar siempre lo mismo con diferentes escenarios y estilismos. Pese a ello, durante mucho tiempo siguieron así, hasta que decidieron empezar a trabajar también por separado, algo que le vino muy bien a Sophie para subir como la espuma y convertirse en la gran estrella que es hoy y, por supuesto, a todos sus fans. Ella es natural de Hungría, nacida el 20 de febrero de 1976, aunque se la considera ya española por haber desarrollado toda su carrera aquí.

Comenzó junto a Toni, al que conoció en una de las primeras películas que rodó en España, haciendo espectáculos porno en la conocida Sala Bagdad de Barcelona durante más de tres años. Allí cogieron muchas tablas y, sobre todo, una compenetración absoluta como pareja porno. De hecho, en muchas de sus escenas que he podido ver es espectacular cómo hacen el amor, en una perfecta y animada coreografía y con posturas que no muchos pueden lograr.

Algunas de las primeras películas conocidas en las que participó Sophie fueron: *Por un puñado de polvos*, *Niñita* o *Taxi Hard*, uno de los primeros éxitos de Narcís Bosch como director. Después de realizar un buen número de ellas y conseguir cierta fama por toda Europa, Sophie y Toni viajaron una temporada al sur de California para hacer «las Américas» que es donde de verdad se gana dinero.

Allí comenzaron rodando las típicas cintas con actores no profesionales de las que destaca *Up N Cummers 72* y, después, ya algunas profesionales como *North Pole 11*, o *Pussyman's international butt babes 3*, donde hacían un interesante cuarteto con Judy y David Hardman. También rodaron otras películas de nivel como *Balls Deep 2* con Lexington Steele y Mr. Marcus, además de trabajar para revistas eróticas tan populares como *Hustler* o *Penthouse*.

De vuelta a Europa, Sophie se convirtió en una de las actrices más requeridas por la productora Private, la más importante del continente y la única empresa X que cotiza en bolsa.

La primera vez que la vi y hablé con ella un rato me quedé encantada. Es una chica de lo más dulce, tranquila y sonriente. Su forma de vestir suele ser de lo más informal y discreta, a diferencia de otras actrices que gustan de llamar la atención a todas horas. A mí me gustó mucho que no fuera de loba por la vida.

Ahora, eso sí, cuando llega el momento de ponerse en acción delante de las cámaras resulta una mujer de lo más excitante. Se transforma, pone toda la carne en el asador y no hay quien la pare. Es toda energía y derroche. Y, además de todo esto, es una gran profesional en cuanto a cómo aborda y cumple su trabajo. Con ella siempre tienes la sensación de hablar con una mujer hecha y derecha y, sobre todo, con muy buen corazón.

No he tenido aún la suerte de trabajar con Sophie por distintas circunstancias. Cuando yo empecé y firmé con Ramiro en exclusiva con Elephant Channel, me llamó Toni para ofrecerme un papel en una película y muy amablemente le tuve que decir que me era imposible. En otra ocasión, los llamamos nosotros para ofrecerles una escena en la película que estábamos preparando y no podían, pues estaban fuera. Total que entre una cosa y otra no hemos coincidido ni siquiera en ninguna sesión de fotos de *Private* y eso que tanto Sophie como yo hemos hecho un montón por separado. Pero estoy segura de que llegará nuestro momento. Después de tantos años de profesión y estando yo, hoy por hoy, libre para decidir, todavía puede ser, ¿no? Imagínatelo: Sophie Evans y Celia Blanco por fin juntas en *Explosión de placer*. Suena bien.

Con la Fura dels Baus

Un día me llamaron para ofrecerme un trabajo bastante atípico para la Fura dels Baus. Esta conocida compañía de teatro catalana tan famosa por sus *shows* impredecibles y provocativos estaba preparando un nuevo montaje llamado *XXX* y querían actores que no tuvieran reparos en desnudarse.

Allí coincidí con Sophie y Toni y también con otros amigos de rodajes como Ramón Nomar y Claudia Claire.

Nos contrataron durante dos días para rodar la parte filmada del espectáculo que luego llevarían por toda Europa, con grandes escándalos y un gran éxito de taquilla.

A lo largo de aquel peculiar rodaje hubo algunos momentos de lo más *sexys* y divertidos. Nada más llegar fui a los vestuarios donde estábamos todos juntos, chicas y chicos. A cada uno nos dieron un albornoz; nos saludamos muy educadamente, hicimos alguna broma y nos dirigimos ya desnudos bajo los albornoces al set donde estaba todo preparado para rodar. Claudia y yo nos pusimos unas chancletas sencillas y me llamó la atención que Sophie en cambio llevaba unos tacones de esos que dan vértigo. Ya todos listos, o sea completamente desnudos, atendimos las indicaciones que nos dieron, que consistían en grabar un plano cenital. La cámara la teníamos encima de nosotros, a unos cinco metros de altura, y todos estábamos tumbados y mezclados como si aquello fuese una gran orgía. Ellos lo montarían después en formato digital como si fuéramos en realidad cuatro veces más personas de las que estábamos para que aquello pareciera un gran desfase.

Cuando ya nos habíamos colocado todos juntos, comenzamos a movernos suavemente, recostados en el suelo, como si estuviésemos haciendo el amor. En teoría no hacía falta que sucediera nada explícito, no nos habían pedido penetración. Yo me encontré de pronto, en medio del ajetreo, encima de Toni y, ¿para qué mentir?, estábamos tan pegados y calentitos que me entraron ganas de que, ya que lo tenía tan cerca, me la metiera un poquito. Total, no se iba a notar, pensaba por dentro. Pero de lo que pienso o deseo a lo que llego a realizar hay siempre un gran paso, claro. Toni, que es tan infatigable como un conejo «Duracel», también andaba algo excitado y percibió enseguida mi cuerpo caliente y deseoso. Hubo unos segundos de amago muy excitantes. Yo estaba tumbada encima de él y cogió su empalmado pene y muy sutilmente me introdujo la punta y, después, apresuradamente, la metió entera. Yo, por un instante, la sentí dentro de mí, pero en tres segundos reaccioné y la aparté suavemente, diciéndole al oído que no era el momento. Toni enseguida lo dejó estar.

Pero lo más gracioso es que paramos para cambiar de posiciones y esta vez me tocó al estupendo y cachas de Ramón, que además tiene un buen aparato. Es, como digo yo, uno de esos chicos que cualquier mujer querría tener un buen rato para jugar. Tan atento y tan macho a la vez. Me gustó acomodarme junto a su gran cuerpo y dejarme llevar por la imaginación.

La situación me encantaba porque estaba pegada a Ramón, pero también a varios de los actores de teatro que habían mezclado con nosotros. No había nadie de la compañía que me atrajera especialmente, pero el momento me resultaba de lo más sensual. Iba mirando de reojo hacia los lados para ver a mis compañeros y de pronto me di cuenta de que Toni ya estaba acomodado con otra chica, una morena de unos veintitrés años, de pechos pequeños y caderas acentuadas. A todo esto miré, supongo que por morbo, hacia Sophie para ver su reacción. Ella estaba en la otra punta del grupo y la vi también muy bien rodeada por más actores de la Fura. Cuando al cabo de un rato comenzaron a grabar me di cuenta de que la supuesta interpretación de Toni y la chica morena no era tal sino que ¡se la estaba follando de verdad! No pude evitar pensar: «Hay que ver lo poco que ha tardado la niña en entrar al trapo.» Volví a mirar a Sophie y ella seguía a lo suyo, como si nada, y me consta que se dio cuenta de lo de Toni, pero por lo que pude comprobar ese día, y después al conocerlos más, llevaban una relación de lo más liberal. Y supongo que debe ser así en una pareja que trabaja en el cine X. Si fueran celosos aquel día Sophie se habría puesto a rabiar, y no habrían durado mucho juntos una vez que habían decidido trabajar con parejas distintas. Los celos son malos consejeros para las parejas involucradas en el cine X. Hay que saber diferenciar el trabajo de la realidad o la cosa se acaba rápido.

Pero la historia no quedó ahí. Mi novio Ramiro, que había venido a acompañarme, estaba por ahí sentado, observándolo todo. Y también estaba el novio de Claudia, Roberto Blake, otro actor X. Claire normalmente sólo hacía sexo con él o con otras chicas en las películas en las que trabajaba. Pero resultó que cuando terminamos de grabar las imágenes y todos nos fuimos incorporando poco a poco, Toni y Claudia se quedaron solos allí en medio, tirados en el suelo sin ningún tipo de pudor y follando como locos. Escuché gemir a Claudia como nunca la había visto. ¡Qué fuerte!, pensé, aunque me di cuenta pronto de que Roberto ya se había marchado. Claudia estaba aprovechando bien el momento con Toni que, como he dicho antes, parece un niño guapo y travieso y con las pilas siempre cargadas.

El segundo día transcurrió con normalidad y la verdad es que lo pasamos muy bien, nos reímos mucho y, sobre todo, ganamos un buen dinerito además de colaborar en una obra que está basada en textos del Marqués de Sade, que a mí me encanta.

Las cuatro fantásticas

Cada vez que me he vuelto a encontrar con Sophie siempre han resultado momentos agradables, como cuando coincidimos en la sesión de la portada de *El País dominical* en la que salimos cuatro actrices X: Sophie, Renata, Claudia y yo.

Recuerdo que la intención del fotógrafo (Galilea) era sacarnos a las cuatro desnudas pero muy juntitas para que no se viera nada y con las caras muy relajadas para salirse del cliché de poses exageradas. Parecía una foto de modelos de pasarela.

También había varios chicos actores que saldrían en el reportaje interior. Estaban Toni Ribas, Roberto Malone, Max Cortés y Ramiro, que se coló por la cara, pues él no es actor y ese reportaje era sólo sobre actores.

Cuando ya estábamos todas maquilladas y habían dado por buenas las pruebas de luz empezamos a probarnos los zapatos que nos habían traído. La mayoría eran muy parecidos menos los que eligió Sophie. Si no recuerdo mal, los suyos eran rojos y todos los demás negros. Ella sabe.

Total que allí estábamos preparadas para la eternidad: calzadas, desnudas, maquilladas y muy risueñas. Todas con muy buen rollo, haciendo bromas con el fotógrafo y entre nosotras. Cuatro chicas desnudas de pie muy juntitas, abrazadas e intentando taparnos entre nosotras sin espachurrarnos y con un gesto tirando a angelical que Galilea intentaba captar como podía. Y es que a Renata y Sophie les costaba más mostrarse relajadas, quizá por la costumbre de posar con caras de provocación.

Yo la verdad es que me lo paso genial posando, es uno de los trabajos que más me gusta, y aquella sesión fue de las más divertidas que he tenido, pero también resultó un tanto agotadora. La gente que no ha estado en ninguna sesión de éstas no se lo cree, pero puede ser muy cansado estar durante horas bajo los focos, poniendo las mismas caras, aguantando la posición, y más si hay otras personas, como en este caso, y a lo mejor una no acaba de hacerlo del todo bien y las otras deben esperar. Y se repite y se repite. Puede parecer una frivolidad decirlo, pero no todo el mundo vale para ello. Hay que tener mucha paciencia y capacidad de relajación.

Y es que después de las horas que estuvo el fotógrafo con nosotras cuatro sólo para la imagen de portada, venían más fotos. De cada una por separado y con los chicos de todo el equipo.

Hubo fotos de distintas maneras y combinaciones aunque casi todas en el suelo. Mientras nos las hacían recuerdo que las increíbles tetas de Renata me estaban poniendo mala. Hay una determinada forma de pechos femeninos que me ponen a cien: grandes pero no demasiado, más o menos una talla 95 de pecho natural que es como una 100 de uno operado. Los de Renata tenían una caída que ¡uf!... No digo nada más, que soy muy sensible.

La historia de esta sesión venía a cuento por mi relación con Sophie, que me iba confirmando, cada vez que la volvía a encontrar en un trabajo o en algún evento, que es una persona encantadora y muy profesional. ¡Un cielo de chica!

Me hizo mucha gracia también algo que me contó aquel día y es que, para el cumpleaños de su marido Toni, Sophie le organizó una fiesta con unas cuantas amigas. Supongo que no hace falta que explique cómo acabó, ¿no?

Esto demuestra que con los años que llevan juntos como pareja y trabajando en el porno, si no fueran liberales, o estarían fatal, todo el día discutiendo, o ya habrían cortado.

Creo que cuando una relación de pareja ya ha pasado todas las fases, la mujer suele estar mucho más enamorada y asentada, pero el hombre es muy diferente. Claro que ellos quieren a su compañera, pero las hormonas se les van detrás de cualquier otra mujer que esté buena. No digo que todos vayan a poner cuernos a diestro y siniestro, los hay que sólo sueñan o fantasean y se masturban pensando en ello, algo muy natural, pero muchos otros se alivian en cuanto tienen ocasión con la típica excusa de «ojos que no ven...».

Hace poco volví a coincidir con Sophie, precisamente en la fiesta de elección de Chica Primera Línea que se celebró en la Ciudad del Cel (Barcelona). Yo estaba de jurado junto con Guillermo Hernaiz, el padre Apeles, Estíbaliz Sanz, etc., y Sophie, que además hizo un sugerente y muy morboso *striptease*. Iba disfrazada de policía, con gorra, traje de cuero, y hasta silbato para mandar callar a la gente, en fin, todo un escándalo *sexy*. Salimos de Barcelona en limusina con Guillermo, Mireya de Sagarra, Isidro Estévez, el padre Apeles, Rocco de City.

Toni Ribas, además de ser el marido de Sophie, está considerado como uno de los mejores actores X de los últimos tiempos. Y no es para menos, es joven, guapo y siempre la tiene a punto... Y además de todas estas cualidades tan básicas hay que añadir que es una persona muy amable y correcta. La relación que he tenido con ellos no ha sido muy estrecha, pero tampoco distante, simplemente, cuando hemos coincidido, siempre ha habido buen rollo.

A mí me encanta cómo trabaja Toni y, por supuesto, trabajar con él, pues sabes de antemano que va a ir todo sobre ruedas. Es un hombre siempre en forma, que nunca para ni se cansa. Es increíble lo en forma que está, y ésa es desde luego una pieza clave para ser un buen actor porno.

Nacho Vidal

Nacho Vidal nació en 1973 en Valencia. La primera vez que lo vi en una película pensé: «¡Qué fuerte, qué energía!» Sabía que era español y que además de actuar en películas X españolas había aparecido en alguna revista extranjera del sector. No fue el primer actor que conocí, pero sí con el primero que trabajé. La primera sensación que tuve al verlo fue la de que era el típico tipo que en la cama es una fiera pero que como pareja te puede hacer sufrir fácilmente, una de esas personas con las que te lo pasas bien pero mejor no te comprometas. Cuando lo conocí todavía no era un divo y era más normalito en casi todo. No vestía nada bien y por eso creo que la popularidad le ha sentado bien y que ha madurado estupendamente. Ya sabes que los hombres tardan más en madurar y nosotras nos espabilamos antes. No sé si será porque alguien tiene que llevar las riendas.

Nacho es de esos chicos que, aunque no sean tu tipo exactamente, te despiertan la libido con sólo sentir que se acerca. Es como cuando pasa de largo una de esas chicas *sexys* que sin que ella lo acentúe presientes que es una fiera y te deja embobado.

Pese a que mucha gente lo niegue, los impulsos sexuales son irremediables y, aunque no los sigas cada vez que te asaltan, es fascinante cuando te pones muy caliente y te acabas desahogando en la intimidad, dejando volar la imaginación.

Normalmente, yo me excito solita, con mi propia imaginación, que no es poca, recordando momentos que he vivido o situaciones que me acaloraron mis partes. Voy recordando inconscientemente, como en una película, en forma de *flash-back*, e incluso me estremezco cuando el recuerdo es muy reciente, y esa sensación me agrada.

Volviendo a Nacho, cuando trabajé con él en mi primera escena X resultó un compañero increíble y un amante ideal. El resultado fue mejor todavía. No cabe duda de que es muy bueno como actor X, tiene mucha energía y eso lo transmite en las películas. Habrá chicos más altos, más guapos o más graciosos, pero Nacho es Nacho y ha triunfado en todo el mundo.

Su ejemplo muestra además a posibles aspirantes a estrellas X que no tienes que ser un perfecto guaperas para triunfar. Hace falta más bien tener aguante físico, control sobre tu miembro y buenas dotes amatorias. También es importante tener algo especial, carisma frente a la cámara, y suerte, sobre todo suerte, pues depende de con quién te cruces en la vida puedes tomar un camino u otro y llegar a lugares bien distintos.

Es el caso de Nacho, que no sólo se lo ha currado mucho sino que además ha tenido la suerte de ir de la mano del gran Rocco, una de las estrellas más importantes del porno mundial, que le abrió casi todas las puertas claves y lo convirtió en su delfín y sucesor.

Hace unos años, después de la cena de gala de los premios del FICEB de Barcelona en el hotel Sants, en la que estábamos toda la familia del porno, yo opté por escaparme a tomar una copa a la discoteca Danzatoria junto con Nacho, José Play y Belladona, una actriz muy famosa fuera de España que salía entonces con él. Nada más llegar nos fuimos al centro de la pista y comenzamos a bailar, y había tan buen rollo entre todos que me excité enseguida pues, además de Nacho, me ponía mucho Belladona, un bombón, con sus pantalones ajustados bajitos de cadera y ese pecho tan *sexy*.

Hubo un momento en el que estábamos bailando los tres como si de un sándwich se tratara: yo, en medio de Nacho y Belladona, los tres contoneándonos al mismo ritmo y en la misma dirección. Sentía sus cuerpos tan calientes que me hubiera encantado irme con ellos al hotel y pasar un buen rato juntos, pero, además de no poder por cuestiones femeninas, tenía entonces una relación de pareja más o menos seria con Ramiro y es algo que me gusta respetar.

Si estuviera sola me iría a la cama con quien me diera la gana, pero en ese sentido soy muy legal, así que me quedé con las ganas.

Enfermera del amor

Con Nacho compartí otra escena X no hace mucho tiempo, justo antes del festival erótico de Barcelona de 2004, para la película *Toxic*, otra de las películas de Narcís Bosch para la productora IFG.

Cuando llegué al set del rodaje, que estaba en Tarrasa, donde suele rodar sus películas esta productora, me acompañaron al lugar donde íbamos a realizar la escena. Estaban ambientándolo como la consulta de un médico, probando la luz. Había en el centro de la estancia una camilla típica de hospital y alrededor de ésta mil artilugios muy peculiares. Luego me llevaron a la sala de maquillaje donde trabajaban dos chicas y la peluquera. Me fui encontrando por allí a muchos conocidos, desde Sandra Uve, una joven directora de cine X que estaba grabando el *making off* de su película *616 DF*, a Max Cortés que estaba rodando también en una nave contigua. Mientras me maquillaban, apareció Tavalia Griffin, ex actriz, ahora encargada de producción, que me traía el uniforme de enfermera que me tenía que poner.

Luego me dirigí a cambiarme a los vestuarios y de camino me encontré con Nacho que acababa de llegar y nos saludamos amistosamente.

En la escena que íbamos a rodar salía también Cristina Bella, una chica muy guapa con la que no había trabajado todavía. Sí había coincidido con ella infinidad de veces en rodajes, festivales, fiestas...

Cuando ya estábamos preparados, a Cristina y a mí nos hicieron las fotos típicas de pose para promoción de la película, tanto juntas como separadas. Yo, con mi traje de enfermera, mi jeringuilla, y todo el atrezo. Después tenía que recitar un texto que me habían dado unos momentos antes, mientras sujetaba un bello conejo blanco entre las manos.

Luego esperamos a que Nacho dijera algunas de sus frases a cámara. Por cierto, que Narcís, el director, le llamó la atención entre risas para que se centrara y dejara de hacer bromas, más que nada porque llevábamos algo de retraso. Nacho se tumbó en la camilla, con una supuesta lesión en la pierna y una escayola que parecía de verdad y esperó a que llegaran nuestros «cuidados». La escena transcurrió con normalidad salvo que en un par de ocasiones el aparato de Nacho no estaba lo firme que tenía que estar. Y es que hace falta mucha sangre para llenar ese gran miembro. El pobre, entre la escayola tan aparatosa, la postura incómoda en aquella minicamilla para tres y el cansancio que traía, no acababa de entrar en el juego. Después sin la escayola, ya todo fue sobre ruedas y quedó una secuencia de lo más caliente.

Creo que Nacho es un magnífico representante del cine X español en todo el mundo y ha entrado a lo grande en el *star system* mundial, mostrando que aquí no nos andamos con chiquitas.

El nuevo chico de moda

Ramón Nomar (1974) es un actor con el que he trabajado mucho y uno de los más solicitados de los últimos tiempos.

Es de la misma generación que Toni Ribas y creo que sin duda representa el ideal de muchas mujeres: alto, guapo, fuerte, trabajador y además tiene un miembro que da gusto de lo bonito que es. Aunque quizá la cualidad por la que más me impresionó es la de ser todo un caballero, algo que no abunda tanto como a mí me gustaría.

Ramón ya ha trabajado con casi todos los directores del mundo y, claro está, con cientos de actrices. Hubo un momento en el que dejó su carrera para casarse y vivir otro tipo de vida, pero supongo que se aburrió, pues volvió al gremio y no ha parado de currar desde entonces.

Él es un ejemplo de que, aunque tengas todas las cualidades para ser igual o mejor actor que Nacho, no siempre te conviertes en una estrella fuera del mundillo como ha logrado éste. La prueba es que casi nadie que no consuma cine X conoce a Ramón. Para llegar a lo más alto hace falta mucha ambición, tener carisma y, como decía antes, algo de suerte.

Entre todos los momentos que he vivido con Ramón, el que recuerdo con especial cariño es cuando lo conocí. Era en mi primera sesión de fotos para *Private*, en un local gay llamado Escandalus, en el que todos íbamos con un *look* del Oeste y los chicos, Ramón incluido, también, claro. Estaba muy *sexy*, y es que una de las cosas que más me gustan en este mundo es tener un tipo fuerte desnudo a mi disposición. Ese día, cuando lo vi por primera vez, me encantó. Me hizo mucha gracia su acento gallego. Supongo que hay gallegos de todo tipo, pero a mí me llamó mucho la atención el acento tan marcado y divertido que tiene.

Ramón es una persona que cuando trabaja contigo está siempre preocupado de que estés cómoda y relajada. Si él puede, siempre antepone tu comodidad a la suya. Como he dicho antes, es todo un caballero y además buen amante. ¿Qué más se le puede pedir a un hombre? Que cocine y sea un buen amo de casa... ¿no? Bueno, nos conformaremos con lo que hay.

La dulce Rita y una bella pareja

Rita Faltoyano nació en Hungría, como Sophie, en 1979. Es un bombón de mujer con larga melena castaña, figura curvilínea y una imagen muy sexual. Es apasionada en el trabajo, sin embargo en el trato es algo tímida y reservada aunque siempre la veas muy sonriente. Es de lo más agradable como persona y muy sencilla vistiendo, pero cuando se transforma, ¡cuidado! Me encantan su dulce voz, su carita de buena, y, seré sincera, sus preciosos pechos. He coincidido con ella en festivales, premios y en el rodaje de alguna de mis películas como *Compulsión* y siempre hemos mantenido muy buen rollo. Me encantaría trabajar más a menudo con ella. Sentimentalmente hablando, estuvo mucho tiempo unida a Ramón Nomar hasta que, como en todas las parejas, llegó un momento en el que la cosa se acabó... Pero, por lo que tengo entendido, mantienen todavía una muy buena relación.

Claudia Claire (1977) es una rubia de ojos claros, con una cara muy dulce y agradable. Nacida en la República Checa, pero afincada desde hace unos años en España, fue de las chicas con las que trabajé en mi primera película. Ella, como Sophie Evans, comenzó en el Bagdad haciendo *shows* en vivo y también tiene un novio estable que es actor X, llamado Robbie Blake.

Ella trabajaba siempre con Robbie como pareja exclusiva en sus escenas, y también con chicas, pero nunca con otros actores. Quizá por ello se había quedado siempre en un segundo plano, a pesar de que es de esas actrices currantes que salía en montones de películas y que siempre hacía muy bien su trabajo. De hecho, es notorio que desde que ha comenzado a trabajar con otros actores el mercado del X la tiene en mejor consideración y hace poco le dieron un premio como mejor actriz de 2004 en el FICEB. Ramiro y yo siempre hemos apreciado mucho su trabajo en varias de nuestras películas. De hecho, en *Delirio y carne* hizo el papel de hermana mía.

Es muy tierna y parece que no haya roto un plato en su vida, pero realmente esconde una fiera que está deseando salir. Es un sol y espero que no cambie nunca y mantenga su manera de ser. Hemos pasado muy buenos momentos juntas, y los que nos quedan.

Aunque no siempre todo fue bien entre nosotras: en una sesión de fotos para *Private* en la que salíamos de portada con unos gorritos de marinero monísimos y gafas de sol, tuvimos un pequeño disgusto. Resulta que Claudia estaba más sensible de lo normal por la menstruación y acabamos discutiendo por tonterías. Estuvimos a punto de no seguir con la sesión, pero al final nos apaciguamos y volvimos a la carga. Me encantó que cuando recuperamos la postura que habíamos dejado nos miramos a los ojos y no pudimos remediar partirnos de risa por lo sucedido. Claudia y yo vamos coincidiendo mucho y siempre hay buenos momentos entre ambas, sobre todo porque ella se va superando tanto como actriz, como persona y sobre todo como mujer. A mi parecer es algo muy positivo que no todo el mundo consigue.

Robbie Blake (1968) nació en Holanda y, como he comentado antes, es el novio de Claudia. Es un chico que como actor nunca te falla. Es muy responsable y resulta aparentemente un tipo serio, pero cuando lo conoces más vas descubriendo que también tiene su sentido del humor. Con él he trabajado en algunas películas como *Compulsión* o en varios sets de fotos para *Private* y siempre hemos mantenido una relación muy cordial. También es una persona que se preocupa de que todo salga bien y eso ayuda a crear buen ambiente en los rodajes. Yo lo veo como un chico tranquilo, casero y muy trabajador, que al ser tan grandote impone mucho a primera vista pero en el fondo es un pedazo de pan. Aunque con lo cachas que está más vale no tentar la suerte, no vaya a enfadarse. Él y Claudia tienen dos perros a los que miman y cuidan como si fueran sus niños y son una pareja muy tierna, vivo ejemplo de que los actores y actrices X pueden llevar una vida de lo más convencional y formar parejas fieles y bien avenidas.

Roberto, igual que su mujer, está mejorando mucho con el tiempo, y no me refiero sólo a lo profesional que es algo evidente, sino en lo personal, que creo que es más importante. Porque profesionales hay muchos pero buenas personas no tantos.

Terremoto Max

Max Cortés es, en pocas palabras, un terremoto sin control. Es uno de los actores y directores que más trabajan aquí y fuera de España y una persona muy vital y divertida. Pero yo no puedo evitar verlo como un niño pequeño y travieso al que le gustan las mujeres más que nada en el mundo, a pesar de que está casado con una chica de lo más simpática.

Fue el segundo hombre con el que trabajé, en *La mujer pantera*. Comenzó en la misma época que Nacho, Ramón, Robbie y Toni, que eran los nombres que más sonaban también cuando empecé yo, y que aparecían en casi todas las películas de producción española.

Con él también he coincidido en muchos rodajes, fiestas, festivales y, a veces, hasta nos encontramos por la calle ya que también vive en Barcelona como yo.

Max, además de trabajar como actor, también se ha convertido en director como Nacho, Toni y muchos otros actores X. Él es de esos chicos a los que les gusta el sexo duro en las películas que dirige, casi todas muy *gonzo* y salvajes, pero cuando está a las órdenes de otro director atiende a lo que éste le pide. En el último FICEB me preguntó si me apetecía trabajar para él y, la verdad, es algo que no descarto.

La última vez que nos vimos fue en un enorme *sex shop* que hay al principio de la calle Muntaner, en el que íbamos a ser entrevistados para el programa *Dos Rombos* que presenta Lorena Berdún.

Antonio Ross es un amor de chico, de lo más tierno y cariñoso, y me encanta. Aunque también hay que puntualizar que está muy, muy bueno. Vestido ya luce bien, pero desnudo es un escándalo. Habla poco normalmente, no se suele quejar por nada y trabajando con él todo resulta muy fácil. Tiene mucho sentido del humor y de fiesta es un tipo divertidísimo. Estaba unido sentimentalmente a otra actriz X llamada Cristina Bella pero hace unos meses que la relación terminó, aunque también han quedado como buenos amigos.

Antonio es famoso por el aguante que tiene en escenas de sexo y por ser una persona que está siempre pendiente de su compañera, no como otros actores que sólo piensan en ellos. Eso se nota, nosotras lo notamos y el resultado final nunca es el mismo. Es de los pocos actores con el que yo creo que podría llegar a salir o tener algo más de confianza.

Y es que aunque todos los del mundillo nos saludamos y nos llevamos supuestamente bien, también es cierto que hay mucha envidia. Envidia entre chicas y también envidia algunas veces de ellos hacia nosotras.

Yo, aunque sepa que a alguien no le caigo bien, prefiero llevarme cordialmente con todo el mundo y no entrar en conflictos. Comentaba todo esto porque Antonio es de esos hombres que no tiene ningún tipo de malicia y a la larga eso se agradece. Por todo ello, él tendrá un lugar especial en mi página web para que todas las mujeres puedan disfrutar de sus buenas dotes amatorias y de su espléndido cuerpazo.

Cristina Bella es una holandesa de ojos azules que cuando comenzó era la típica «lolita», no muy alta, con cara y cuerpo casi de niña, una morenaza muy guapa que, con el paso de los años, se ha convertido en una mujer exuberante que llama la atención allí donde llega. Como actriz es muy buena y como compañera fuera del trabajo superagradable y marchosa. Nos conocimos antes de trabajar juntas en una película con Nacho Vidal, y la verdad es que todo salió a pedir de boca. Fue una escena que recuerdo intensamente.

Como dije, fue pareja sentimental durante años de Antonio Ross y es de esas chicas que cuando las ves piensas que te van a hacer sombra ante las cámaras. Tras unos cuantos años posando para infinidad de revistas X, dedicarse además a decenas de producciones X y a calientes y morbosos *stripteases* por Europa, y sobre todo Italia, y trabajar para *Private*, IFG y Conrad Son, ganó el premio a la mejor actriz en el FICEB de 2003, lo que la convirtió en una consagrada estrella dentro del sector. A mí me recuerda mucho a otra actriz, Laura Ángel, pero Cristina es mucho más menuda y joven. Eso sí, las dos son gatitas salvajes con ganas de fiesta.

En breve me haré unas fotos junto a Cristina para mi página web, creo que el contraste puede ser genial, ella con esa larga y lisa melena negra y yo con la mía rubia.

26. Fiesta *Hedonism*: con Nico Escoda, director comercial.

27. Fiesta *Hedonism*.

28. Fiesta *Hedonism*.

29. Fiesta *Hedonism*.

30. FICEB: con Nacho Vidal.

31. Fiesta *Hedonism*.

32. FICEB: con Andrea y Antonio.

33. FICEB

34. FICEB: *stand* de Celia Blanco.

35. FICEB: *stand* de Celia Blanco.

36. FICEB: con Román Gubern.

37. FICEB: con Sandra V.

38. Conferencia en la Fnac de Valencia.

39. Conferencia en el Salón del cómic de Granada.

40. Con Chris Rivera, de Fangoria.

41. Con Juanma Bajo Ulloa y Roxana Wals.

42. Cartel de Carlos Díez.

43. Cartel de Carlos Díez.

44. Con Carlos Díez.

45. Con Jorge Berlanga.

46. Montaje de Paco y Manolo.

47. Con Romina y el Dr. Flo.

48. Fiesta Tiffany: con Twoyupa.

49. Sesión de fotos con Toni Palés.

50. Sesión de fotos con Toni Palés.

Andrea y Silvia

Andrea Moranti es otro de los talentos en alza del cine X y uno de los chicos con los que también he trabajado a menudo.

La primera vez que lo vi pensé: «¿De dónde será este chico?» Parece italiano pero vive y trabaja en España desde hace tiempo. Empezó bailando como *stripper* en clubes y fiestas, y luego se pasó al porno y ya dirige sus propias películas también. Recuerdo la primera vez que actuó en vivo en el escenario central del FICEB, el pobre tuvo dos gatillazos por los que la gente lo abucheó bastante. Y es que debe de costar concentrarte cuando te están mirando miles de personas, pero pronto se puso las pilas y debo decir que currando es una verdadera máquina. Luce unos bonitos rizos rubios por encima de los hombros y bastantes tatuajes, aunque el que más me gusta y veo más personal es el que lleva en una pierna. Tiene un cuerpo atlético, tirando a fuerte, y es guapo. Siempre está hablando y contando cosas divertidas. Es muy alegre y tiene muchas ganas de marcha. La verdad es que con él te lo pasas muy bien, ya sea trabajando, tomando un café o una copa. Y, eso sí, sus porritos que no falten, incluso trabajando. A él no lo atontan ni nada por el estilo, yo creo que más bien lo centran bastante. Él, como siempre es tan activo y está tan dispuesto, imagínate cómo sería si no fumara.

Hace poco cortó su relación de pareja con la también actriz X Silvia Lancome, y si ya antes era muy seductor ahora que no tiene novia está que se sale.

Hace poco íbamos juntos en un coche de producción de IFG con Víctor Diago, y un actor muy mono que yo no conocía hacia la localización de una película. Era en una bonita casa cerca de Barcelona en la que se iba a rodar una escena para un director francés que también es fotógrafo. Andrea me iba contando por qué había cortado con su chica y, sobre todo, lo positivo que le parecía estar sin pareja después de una relación tan larga. Durante todo el trayecto no paró de hablar y reír, con él seguro que no te aburres.

La escena también salió muy bien. Todo fue sobre ruedas. El director nos pidió mucha sensualidad y amor y se lo dimos, aunque antes grabamos otra escena en la que yo estaba en mi papel impaciente y algo mosqueada esperando a mi novio y, por ello, luego me hacía de rogar bastante hasta que al final me convence, claro.

Andrea es, junto con Antonio, el actor con el que he trabajado más a gusto. A mi parecer ambos reúnen todos los requisitos para que las chicas se vuelvan locas al verlos y que los directores cuenten con ellos para grandes papeles.

Silvia Lancome (1981) nació en Eslovaquia. Es una de esas chicas abiertas y simpáticas con las que puedes hablar de todo tipo de cosas. Es alegre, divertida, y además tiene un cuerpazo espectacular. Cuando la conocí se la veía con ganas de comerse el mundo y ser una gran estrella pero, a la vez, con un punto de inseguridad o quizá de ingenuidad que rápidamente desapareció con el trabajo del día a día y rodar y rodar. Es de esas chicas que cuanto más tiempo pasa, más guapa la encuentro. Pienso que ello se debe a que su vida sexual es satisfactoria y no hablo de cuando rueda, sino de su vida privada.

Trabajé con ella en una ocasión en un set de fotos y la verdad es que estábamos las dos monísimas con nuestros biquinis, el suyo azul y verde y el mío rosita. Además de tener a Andrea como acompañante nos pusieron un *tun-*

ning precioso de color azul cielo. La sesión la hicimos en una zona cerca de la playa y entre dos fábricas con unos grafitos estupendos. Hacía un calorcito típico de verano, muy agradable, y lo pasamos muy bien.

Aunque habíamos coincidido a menudo, no había trabajado hasta hace poco con ella, sin embargo con Andrea hice en varias ocasiones películas, fotos... Mi escena preferida con ella es la que rodamos para *Lobo*, mi última película con Ramiro que todavía no está en el mercado.

Paco Roca (1977) es también de Valencia, como Nacho, y se estrenó en el X curiosamente con nosotros. Su primera escena fue conmigo. Creo que es un actor que tiene una larga carrera por delante. Una mezcla de chico guapo, con cara de bueno y ojos azules, con un cuerpo fibroso y dispuesto a comérselo todo. Tiene también ese lado tierno y de buena persona que hoy en día es tan difícil de encontrar y que, como ya he dicho antes, yo agradezco mucho.

También rodamos juntos una película comercial, aunque muy fuerte, y muy especial para mí por cierto. Era *La orina y el relámpago*, de Ramiro. Él hizo de cliente yonqui y yo de prostituta, en una escena en la que estuvo perfecto. Su interpretación me encantó porque daba totalmente el perfil de lo que estábamos buscando, un cliente drogadicto que solicita los servicios de una prostituta rubia, es decir, de mí.

Fue bastante impresionante cuando se pinchó y le salió sangre de verdad. Aunque yo no podía mostrar esa impresión, sino observar y acompañarlo con caricias maternales, ya que era mi cliente. Lo que se pinchó era, claro está, suero fisiológico, y el pobre aguantó como un campeón a pesar de que no soporta las agujas. Eso es ser un profesional. Esa película la estábamos rodando expresamente para presentarla en la Filmoteca de Valencia en exclusiva para el 40.º Aniversario de los Premios de la Cartelera Turia.

Después lo he vuelto a ver en distintos lugares o hemos quedado para que me contara qué tal le van los nuevos trabajos. Mantenemos una buena relación pues, además de presentarle a la gente de IFG y otras productoras, también pienso contar con él para sesiones de fotos que yo misma organizaré para mi web y, ¿por qué no?, para tomarnos animadamente un café.

A Sharka Blue la conocí en el verano de 2004 durante el rodaje de una serie de diez películas llamada *Hotel Lolita*. Ella es pequeñita, rubia, con cara de niña y un cuerpo muy bonito. Tiene también un aire de chica buena, modosita; pero cuando rueda se atreve con todo. Es toda una pequeña gran actriz y además muy maja. Lo que más me llamó la atención durante el mes y medio que estuvimos alojadas juntas durante el rodaje de aquella serie fue que a veces se iba a tomar el sol al lado de la piscina y se ponía a masturbarse tranquilamente, como si estuviera sola. Al final el equipo lo veía de lo más normal. Cuando llegó estaba muy blanca y días después, con tanta actividad, se había puesto morenísima.

Coincidí con ella también en la gala de premios del FICEB de 2004 en el hotel Sants de Barcelona. Fue muy fuerte, porque me la encontré en el baño y nos pusimos a hablar, cuando de repente vemos a través del gran espejo que entra una negrita de su misma estatura muy mona y ¡con el mismo vestido blanco! Yo no dije nada, lo que primero me vino a la cabeza fue hacerme una foto con ambas, pues además del vestido eran igualitas de tipo: Sharka tan rubia y blanquita y la otra una preciosa negrita. ¡Eran ideales! Ella, como es normal en una mujer coqueta, quería morirse y la negrita parecía que también. Yo me volvía loca por hacerles la foto, pero al final no me atreví, bastante tenían con su pequeña y absurda tragedia. Supongo que las mujeres, tan víctimas de la moda como somos, rezamos para que no nos pase nunca nada así, sobre todo en un evento de esas características.

Gina Bossantos, «Fabiola» (1979), es de Brasil. Se trata de una mulata de infarto que no deja a nadie indiferente y que ha trabajado ya para distintos directores. Actuó para Ramiro en *Compulsión*, mi tercera película, en la que junto a otra mulata era parte de mis fantasías que se convertían de pronto en realidad. Gina sabe muy bien, no hace falta que se le diga, que la escena es todo pasión y deseo por los cuatro costados. A ella personalmente no la conozco mucho. Es aparentemente muy reservada y no acabó de tener continuidad en el porno, en parte, supongo, porque lo fue dejando en varias ocasiones y esto a los productores y directores no les va nada, pues no se quieren arriesgar a contratar a alguien que luego pueda echarse atrás.

Yo no descarto volver a llamarla para que haga algo conmigo pues, como he dicho antes, es un pedazo de mujer y creo que hacemos muy buena pareja.

Bibian Noray es una catalana madurita pero de muy buen ver e increíblemente apasionada en la cama.

La conocí hace años en su casa, durante el rodaje de *La mujer pantera*. Entonces estaba casada con Carlos Darío y hacía vídeos caseros y producciones tipo principiante.

En la película de Ramiro ella era mi querida tía y por ello tuve la oportunidad de conocerla bien, y la verdad es que me causó muy buena impresión. Después comenzó a trabajar mucho con productoras importantes: IFG, Thagson, JM Ponce.

Durante tres o cuatro años ha hecho bastantes cosas interesantes. Hace poco me enteré de que ya no estaba con Carlos y que ahora volaba sola y muy bien. Ya no trabaja como actriz sino como directora y ha dirigido dos películas que distribuye Thagson. En la actualidad, la relación que mantengo con ella es cuando coincidimos en algún evento o festival o, como hace poco, en una entrevista en Flaix TV.

7

Directores X

Algunos directores eróticos de aquí y de fuera, con los que he trabajado a lo largo de mis años de carrera en el X, o cuya obra me ha influido de alguna manera, creo que merecen aparecer en este libro. De todos ellos he aprendido mucho. Con algunos todavía tengo cuentas pendientes que espero resolver en los próximos años.

Ramiro Lapiedra

He trabajado con varios directores pero el fundamental en mi carrera ha sido desde luego Ramiro Lapiedra (Alicante, 1972) que suele firmar sus películas con su hermano Pablo Lapiedra (Alicante, 1974). Él me animó a meterme en este mundillo y con él compartí muchas películas, sin duda las más importantes de mi carrera.

Ramiro, un admirador enfermizo de Bataille, de Cassavetes y del cine de arte y ensayo, me sedujo antes de que nos metiéramos juntos en esta aventura, con sus palabras, sus lecturas en voz alta por las noches, sus historias y su peculiar manera de ver el sexo. De hecho, para él todo es sexo y, si para mí es algo muy importante y soy una persona muy pasional, de Ramiro puedo decir que sin duda vive por y para el sexo.

Todos los grandes genios a los que admira, y por supuesto sus obras, tienen un alto contenido sexual. Comencé en el cine X con él y lo cierto es que no me arrepiento de que haya sido así, pues todos los trabajos que hemos hecho juntos me han dado con el tiempo satisfacciones de todo tipo. Quizá si no hubiera estado con él no habría aprendido y experimentado tanto de sexo como lo que he vivido. Nunca se sabe.

Desde la primera película con él viví todo el proceso creativo de forma muy intensa y desde dentro. Fue trabajo pero también fue algo muy personal, que se metía en mi vida privada al estar saliendo juntos.

Desde la elección del título de cada película hasta el montaje de la misma ambos compartíamos ideas, esfuerzos y mucha ilusión. Algunas personas pensaron que no llegaríamos a más, pero ahí ha quedado la huella de unas películas estupendas: elegantes y muy sensuales.

No fue siempre fácil llevarlas adelante, de hecho en más de una ocasión surgieron problemas por la mala organización, el punto débil de Ramiro, pero aun así siempre el resultado fue más que bueno.

Ramiro es una persona que siempre ha necesitado apoyarse en alguien. Durante estos años creativos lo hizo en su hermano Pablo, que le daba ese punto de responsabilidad que precisaba, y en mí durante todos esos años que estuvimos juntos.

Pablo Lapiedra comenzó a colaborar con nosotros en la segunda película, *Delirio y carne*. En un principio sólo controlaba el monitor y acompañaba a Ramiro en sus gestiones, pero hoy por hoy es una pieza clave del equipo, pues es quien se ocupa del montaje, un tema clave para que la película valga la pena. Además hace muy buenas fotos y, aunque las ideas originales son casi siempre de Ramiro, él le aporta todo lo que éste no tiene.

A pesar de estar a día de hoy separados, me satisface mucho haber sido la primera que confió en él cuando nadie lo hizo y sobre todo haber protagonizado unas películas tan bonitas como *La mujer pantera*, *Delirio y carne*, *Compulsión*, *Las lágrimas de Eros*, *Lobo*...

Durante los rodajes que compartimos tuvimos, como es lógico, varias discusiones. Casi siempre por su mala manera de dirigirse a los actores cuando está rodando y especialmente a mí. Me demostraba aquello de que la confianza es un asco y a veces me trataba de una forma muy poco respetuosa. Yo me enfadaba mucho cuando me hablaba mal, a veces tan sólo porque estaba tenso por otro asunto. En *La mujer pantera* hubo un pequeño momento de celos por parte de Ramiro tras mi escena con Nacho, y otro en el que no me dejó ver la escena de Max y Tania. El resto fue como la seda.

En las siguientes películas empezó a desahogarse más de la cuenta conmigo y por ello a veces le contesté delante de los demás. Me trataba peor que a los otros actores por el hecho de ser su novia y yo eso no podía digerirlo.

Ramiro, además de esas películas que hicimos juntos, ha rodado otras de estilo más comercial (más directas al grano, vamos) pero siempre sin perder su estilo personal.

Hace ya unos meses que no trabajo con él. Hablamos a menudo, pues es sin duda el director que mejor sabe lo que yo quiero en una película, pero debemos mejorar bastante algunos temas personales para volver a trabajar juntos.

José María Ponce

Durante estos años de ir descubriendo todo el mundillo del cine X he conocido a algunos de los directores más importantes de la industria. He comprobado que, como en casi todos los géneros, los hay para todos los gustos, y eso está bien pues no todos tenemos la misma percepción del sexo. Aunque mucha gente que no conoce el porno crea en ese cliché de que es todo lo mismo, hay que recalcar que no es así. Hay muchos tipos de estilos y, por supuesto, de niveles de calidad, y de la misma forma que cada persona tiene su particular visión del erotismo cada director se expresa de manera muy diferente en sus películas.

Uno de los primeros directores que conocí fue José María Ponce (Madrid, 1954), un simpático periodista de Madrid, como yo, pero que también vive desde hace años en Barcelona. Ponce es conocido como el «padre» del cine porno español, pues fue de los pioneros en nuestro país. Pero no se lo digas a él que le entra un disgusto terrible. Tiene decenas de títulos muy interesantes como *Perras Callejeras* (1997), *Gothix* (2000), *Fausto* (2003). Antes de conocerlo personalmente ya había visto películas suyas y la que más me gustó fue *Gothix*, una película muy sugerente y elegante, como las que me gustan a mí, y un reparto con lo mejor del cine español y europeo. Su cine era de lo más castizo, lleno de fantasía e imaginación. Trabajó mucho con la generación de oro del X español: Sophie Evans, Toni Ribas, Ramón Nomar, Nacho Vidal, Sara Bernat, etc., y también con algunos actores o actrices de fuera tipo Roberto Malone.

Con él no he tenido ocasión de rodar, pues cuando nos conocimos yo estaba en exclusiva con Elephant Channel como productora y con Ramiro como director. En un par de ocasiones estuve en su antigua casa situada en la calle Balmes, en el centro de Barcelona, y me encantó cómo la tenía decorada y sobre todo el pedazo de videoteca que tenía, que ocupaba toda una pared, con títulos increíbles. Ramiro y yo pasábamos horas fisgando entre ellos. También tenía montones de revistas, figuras divertidas de *pin-ups*... Era una casa acogedora y llena de sorpresas. A lo largo de estos cuatro años hemos ido coincidiendo en distintos eventos o festivales eróticos. La última vez que lo vi, en una fiesta en Barcelona, me contó que había sacado un libro sobre el destape en la transición, que hacía una gira con Bunbury leyendo poemas del poeta Panero y que tenía muchos proyectos al margen del cine X del que estaba algo retirado. Me recordó mucho cuando nos conocimos y salimos juntos con Ramiro y María Bianco, su ex y una de sus actrices fetiche. La verdad, es todo un personaje; ahora que no estoy atada a nadie no descartaría trabajar con él.

Narcís Bosch

Poco tiempo después de conocer a Ponce conocí también a Narcís Bosch (Salt, Girona, 1972), un treintañero del que dicen que es su sucesor en el mundo del X y en la empresa IFG, la productora más importante de España.

De Narcís siempre estuve bastante distanciada pero sin motivos personales, más bien porque llevábamos caminos diferentes y sólo coincidíamos en el FICEB cada año.

Sí que he seguido sus películas —algunas de las más destacadas son *Taxi Hard* (1999), *Bulls & Milk* (2000) y *Toxic* (2004)— y la verdad es que como realizador tiene una personalidad muy marcada. Algunos lo llaman el Tarantino del porno y se puede decir sin dudar que tiene un estilo propio. Con poner una escena ya sabes si la película es suya por el tipo de iluminación, los ambientes que crea y sobre todo por el tratamiento del sexo y la violencia. Además suele trabajar casi siempre con los mejores actores y actrices del momento.

La última vez que estuvimos juntos fue en la habitación de un hotel en Bruselas, mientras esperábamos a Max Cortés para ir al festival erótico de aquella ciudad. Yo me moría de risa porque se le iban ocurriendo momentos superdivertidos para la siguiente película que iba a rodar en breve en Barcelona, y él mismo se reía de las cosas que iba diciendo. Tiene un humor muy especial y pasamos tres días muy simpáticos. Hasta Salvador, el dueño de IFG que se alojaba en el mismo hotel, nos comentaba por la mañana que no había parado de escuchar nuestras risas.

A Narcís le encanta juntar en sus películas el humor y el sexo y añadir todo tipo de elementos fantásticos. De hecho está muy influido por los cómics y eso se nota mucho en sus historias.

Tuve la ocasión de intimar más con él y conocerlo mejor hace un año, cuando fuimos a Praga a recoger un premio y estuvimos prácticamente juntos todo el día. Allí pudimos romper el hielo, y nunca mejor dicho, pues hacía un frío glacial. Estuvimos en plan turistas paseando por todos lados e hicimos fotos como dos japoneses enloquecidos.

De ese viaje salió la idea de trabajar juntos en *Toxic* y además vivimos un montón de aventuras por la ciudad con taxistas desalmados y con la *sexy* Misha, una actriz que vive allí y que nos enseñó los mejores sitios para comer y los rincones más bonitos para visitar. Como un restaurante increíble cerca de un lago en cuya puerta dos estatuas de hombres desnudos nos vigilaban lanzando agua desde sus grandes penes. Esa foto no me la perdí.

En la última película que rodé con Narcís tenía una escena con Ron Jeremi, una gran celebridad internacional en el mundo del cine X, con cientos de películas realizadas en Estados Unidos. En aquella escena, de la que quedé muy satisfecha, Ron era el recepcionista de un hotel de lujo y yo era una juguetona huésped que se empeñaba en distraerlo de su trabajo.

Justin Sterling y Andrew Blake

No tengo el placer de conocer personalmente a Justin Sterling (EE.UU., 1972), por el momento no he coincidido con él en ningún festival, pero es sin duda uno de mis directores preferidos, con el que no me importaría nada poder trabajar alguna vez. Lo conozco sobre todo porque suyos son la mayoría de los títulos que más me gustan de mi adorada Jenna Jameson. Una de sus mejores películas es *Briana loves Jenna*, una película deliciosa y supercuidada en todos los sentidos, con dos de las mayores estrellas mundiales del porno: Jenna y Briana Banks. Me encanta sobre todo la escena en la que aparece Jenna, toda de negro con una vaporosa falda larga y se sienta junto a Briana que viste de blanco. Están en un suntuoso salón y se insinúan y persiguen con movimientos muy sensuales alrededor de un bonito sofá. El montaje es perfecto, con un ritmo increíble y una acertada mezcla de imágenes de ellas vestidas y desnudas: es como un videoclip y ellas dos están rompedoras.

Las miradas a cámara de Jenna tienen tal intensidad

sexual que no pueden dejar indiferente a ningún espectador. Otra de mis películas preferidas de Justin con ella es *Los amores de Jenna*. En ésta también hay por supuesto varias escenas de alto voltaje. Una lésbica memorable entre Jenna y Kobe Tai, una actriz con rasgos asiáticos muy atractiva. Es una maravilla el contraste entre estas dos supermujeres y la tensión sexual entre ambas. En otro momento de la película, Jenna aparece con un camisón precioso de color rosa junto a otras chicas espectaculares, todas sentadas en el borde de un *jacuzzi* mientras se ve cómo van cayendo pompas de jabón alrededor. Se crea un ambiente muy sugerente y ellas no tardan en meterse en el agua y en comenzar a disfrutar.

Hay que decir que Justin no es de los directores que se rompen la cabeza con guiones complicados. Él va directamente a las escenas de sexo. Las chicas preparadas y a jugar. En definitiva que hace cine X de alto *standing*, con producciones de lujo, algo muy parecido a otro sibarita del porno chic como el también americano Andrew Blake (EE.UU., 1947), también conocido por el rey del porno chic y renovador del género que también me gusta mucho, aunque sus películas —destacan *Fantasías de noche* (1979), *Pin Ups* (1999) y *Oculta Obsesión* (1993)— no tengan casi ningún tipo de argumento. Ambos lo compensan con una buena calidad de imagen y unos *castings*, escenarios y localizaciones de infarto.

Brad Armstrong

Es otro gran director al que descubrí gracias a mi pasión de fan por Jenna Jameson, pues colecciono todas sus películas.

Antes de rodar mi primera película ya había visto algún trabajo de Brad Armstrong (EE.UU., 1966) que, como Justin, fue actor antes de convertirse en productor y director. Fue realmente después de aprender del asunto cuando he podido comprobar lo gran director que es. Y cuando rueda con Jenna, con la que por cierto estuvo casado tras separarse de Dyanne Lauren, el resultado es inmejorable.

Su manera de dirigir sus historias es muy distinta de los anteriores, ya que él sí que trabaja mucho los guiones y crea historias muy estructuradas en torno a las escenas de sexo donde también se luce, por supuesto. Trabaja siempre con actores de primera y altos presupuestos: para hacerte una idea de sus aptitudes puedes ver títulos como *Dream Guest*, *Hell on Heels*, *Conquest*, *Euphoria*, *Flashpoint*... Suele manejarse con grandes medios y casi siempre utiliza tramas de guión tan elaboradas como en el cine convencional. Un buen ejemplo es *Conquest* donde además de muy buenas secuencias de sexo hay una historia de época muy bonita.

Con él sí que me gustaría trabajar, sobre todo porque lo que hace me recuerda mucho a la idea que teníamos Ramiro y yo sobre el cine X. Se nota que le gusta rodar sexo, pero en el fondo con lo que disfruta es haciendo buen cine en mayúsculas. El sexo en el cine, al igual que en la vida, es una continuidad de algo, de una situación o simplemente de un vínculo muy fuerte entre dos o más personas. Y él lo refleja magistralmente.

Mario Salieri

Es toda una leyenda viva del cine X internacional. Un italiano atractivo, grandote, barbudo, que parece salido de una película de Coppola. Autor de gran prestigio, multipremiado en todo el mundo y sin duda uno de los *top ten* del negocio. Lo llaman el Coppola del porno. Aunque todavía no he trabajado con él no creo que tarde mucho en hacerlo, pues la última vez en la que coincidimos me lo propuso abiertamente y acepté. Muchas personas me han comentado que es un tipo algo complicado en los rodajes y que tiene un carácter difícil, aunque después de soportar la mala uva de Ramiro creo que ya tengo experiencia para lidiar con un problema así, y espero que eso no sea un obstáculo para estar a las órdenes de uno de mis directores favoritos.

La primera vez que lo vi en persona fue en la gala de premios de Praga el año pasado cuando fui a recoger un premio con el equipo de IFG. Me lo presentó Narcís Bosch que estaba allí conmigo y me pareció un hombre muy agradable. Me hice fotos con él y salimos los dos la mar de guapos en todos los medios.

Hace poco, en mi viaje a Bruselas, nos vimos de nuevo y hablamos de esa posibilidad de cerrar un trabajo juntos. Me hizo un montón de preguntas y tenía mucha curiosidad por saber si llevaba tatuajes en alguna parte de mi cuerpo. Yo le contesté inocentemente que no, que no me gustaban, y él me contestó que mucho mejor. Luego pensé «menos mal», pues habría sido una pena perder un trabajo por un detalle tan tonto. Nos hicimos unas fotos juntos muy simpáticas que salieron en un montón de medios. Tiene algunos títulos imprescindibles como *Concepts by Salieri* (1990), *Adolescencia perversa* (1993), *Stavros* (1999)...

Lo que más me gusta de su estilo es su facilidad para crear situaciones de lo más morbosas. Me impactó mucho una escena en la que un cura (Mario de Sica) y una monja hacen el amor de manera muy fuerte. Él es bastante mayor y resulta algo repulsivo; ella sin embargo parece inocente, sensual y muy apetecible.

Mujeres directoras

Se ha hablado mucho en los últimos años acerca de la irrupción de directoras por primera vez en el género erótico. De hecho se han puesto tan de moda que los medios las buscan para sus tertulias y programas especiales sobre porno. A Sandra Uve (Barcelona, 1972), que hizo su primera y modesta película *Ángel de noche* (1999) hace seis años, la han tratado todos estos años como si tuviera una larga filmografía a sus espaldas y la han llamado de todo tipo de programas y festivales. Ahora acaba de estrenar la segunda, *616 DF* (2004), esta vez con mayor presupuesto y mucha más calidad, y ahora sí empieza a justificar ese gran despliegue en torno a ella. Pero claro, al ser la única «directora» se la rifaban. Ahora también Bibian Noray (Amposta, Tarragona, 1972) ha empezado a dirigir (*Mis fantasías* y *Mis ocultas perversiones*) después de años de trabajar como actriz erótica —*Hot Rats* (2003), *Crazy Bullets* (2004)— como ocurre en el extranjero con algunas ex actrices como Candida Royalle, Asia Carrera o Teresa Orlowski, que deciden tomar las riendas de su carrera.

Pero creo que este morbo ha creado unas cuantas directoras ficticias. Simplemente ponían sus nombres para darle un aire distinto a la producción y que la gente mordiese el anzuelo.

A mí me encanta que las mujeres estén al frente de nuevos proyectos y que se animen a dirigir. De hecho es algo que yo no descarto hacer en el futuro.

También hay otro tópico sobre el cine de mujeres. Se supone que debe ser distinto al de los hombres y yo creo que esto es relativo. Dicen que si dirige una mujer el punto de vista será más femenino, pero lo cierto es que no tiene que ser así siempre. Es verdad que una mujer tiene normalmente los sentidos más finos y atentos y también una manera distinta de pensar en su placer que la del hombre, pero si alguien ve por ejemplo la última película de Sandra sin saber que es de una mujer, quizá no le parezca tan evidente.

En cualquier caso, parece que hay un hueco en el videoclub para producciones más pensadas para mujeres y quizá realizadas por mujeres. Algunas chicas, como Erika Lust, están intentando crear un porno femenino algo pastel que, aunque a mí no me gusta mucho, quizá tenga su público. Yo confío mucho en el poder de las mujeres y creo que cada vez daremos más sorpresas.

8

Qué me ha enseñado el cine X

Me encanta cuando se me acerca una pareja y me cuenta que han aprendido posturas y trucos sexuales nuevos gracias a una película mía o a una producción X. Eso me confirma algo que siempre he pensado, y es que la gente además de excitarse con ellas también descubre cosas nuevas. El porno es una escuela de sexo para mucha gente que no tiene la oportunidad de vivirlo por su cuenta, y también para aquellos que lo practicamos más, pero nos puede ofrecer perspectivas diferentes. Yo misma he aprendido muchas cosas como espectadora de películas X.

Pero también debo decir que no todo lo que se produce en esta industria me gusta necesariamente. El género es muy variado, y hay películas estupendas, pero también mucha basura y mucho cine hecho por gente de escasa sensibilidad para públicos de dudoso gusto.

Yo disfruto viendo distintos tipos de películas X, pero las que más me excitan suelen ser aquellas en las que el sexo está justificado. Esas en las que de algún modo «te crees» lo que estás viendo porque los actores están realmente metidos en su papel. Luego, también influye bastante si me gustan físicamente. A veces no hace tanta falta la belleza física, pues la situación es tan morbosa que igualmente surge el efecto esperado: la excitación.

Es lo que me pasó con Nacho Vidal, una persona que a priori no me erotizaba pero que sabe cómo excitarte y crear un morbazo tremendo. Te acaba poniendo a tono.

Lo mío con él, especialmente la primera vez que rodamos, era como se dice por pura exigencia del guión. No habíamos tenido ningún contacto previo pero debo admitir que en esa escena disfruté de lo lindo. Ya desde el primer instante hubo buen *feeling* y, al final, a pesar de los *parones* técnicos, la escena quedó muy creíble dentro de los perfiles de nuestros personajes en esa película.

Después de aquello, cada uno a lo suyo: él con su chica y yo con Ramiro, que algo debió de percibir acerca de mi placer, pues se puso muy celoso.

Escuela de calor

He aprendido mucho acerca del sexo trabajando en mis películas. Conozco mejor mi cuerpo, soy capaz de insinuar cosas a veces tan sólo con una mano o con el roce de un pie. Reconozco que la actitud es mucho, por no decir que lo es todo, que no es necesario ser activo ni pasivo, que lo ideal es poder improvisar, jugar, sentir cosas nuevas a cada instante.

Me he atrevido también más fácilmente a practicar posturas complejas y a probar otras nuevas porque, además de que te dan placer, muchas te permiten estar más cómoda, gozar más y estéticamente pueden resultar tan bonitas que te emocionas.

El *doggy*, que es adoptar la postura del perro, por ejemplo, es una de las más comunes, pues el cámara tiene muchos ángulos para poder filmar y, además, para los actores es muy cómoda. Consiste en que la chica se ponga a cuatro patas y el chico de rodillas más incorporado introduciéndole el pene por detrás.

También me encanta el *spoon*, una postura en la que ambos están recostados de lado en el suelo o la cama, él detrás de ella, y así pueden practicar el coito y besarse o incluso el hombre puede coger y acariciarle los pechos. Ésta también es muy cómoda y placentera para ambos.

También soy partidaria del *cowgirl* cuando es la chica la que «cabalga» al hombre: pueden estar de pie o tumbados, pero siempre ella encima.

Y cómo olvidar la experiencia de la doble penetración, ya sea con dos chicos a la vez o con vibradores. Es cuando te penetran a la vez por la vía vaginal y la anal. Es realmente inolvidable y cuando te lo hacen bien puedes llegar al multiorgasmo.

Es cierto que algunas posturitas gimnásticas cansan mucho y están más pensadas para la galería y el voyeurismo ajeno.

De repente sientes todo el peso del cuerpo en tu pierna derecha o tienes un brazo supercansado de tanto apoyarte en él, o te haces una herida en la rodilla por el roce continuado con el suelo o te das un golpe en la cabeza con la pared... Puede haber infinidad de pequeños incidentes a lo largo de un rodaje X, por eso yo recomiendo al que se inicia o al adicto al sexo que practique mucho ejercicio. Hay que estar en forma para poder aguantar sesiones largas y posturas complicadas y poder darle alegrías genuinas a tu pareja de baile.

También con el paso del tiempo y mi experiencia en diversos rodajes aprendí a explorar los puntos débiles de las chicas y de los chicos. Me explico: las chicas somos más especiales, más sensibles que los hombres. Creo que si no tenemos *feeling* con nuestra pareja se nos nota más en las expresiones, en la entrega. Y no hay nada peor que una escena porno en la que a ella se le nota a distancia que está fingiendo. A los actores les es más fácil centrarse en el sexo puro aunque no se sientan atraídos especialmente por la chica. Precisan de menos complicidad. Aunque hablamos de los profesionales, que son capaces de estar empalmados hasta debajo de una tormenta. Yo entiendo, y ésta es una cuestión muy importante para los que empiezan, que si no controlan al cien por cien su aparato se les puede notar demasiado la falta de entusiasmo, tanto que no puedan ni hacer la escena por falta de erección.

La relación con los actores y compañeros de trabajo no es muy distinta de la que pueda tener cualquier persona con sus colegas de curro. La mayoría de los actores y actrices tenemos pareja y una vida sentimental más o menos ordenada, y cuando vamos a trabajar estamos haciendo exactamente eso: trabajar. No vamos a filmar con la ilusión de tener sexo con desconocidos. Llegas al set y te encuentras con el director, la maquilladora, el fotógrafo, etc. Mientras el director te habla de cómo será el rodaje y te están maquillando, suele aparecer el actor que trabajará contigo, del que ya has oído hablar antes casi siempre, si es que no has trabajado antes con él. Te saluda y tú sigues con el maquillaje. Después de tres horas comienza la grabación, pero antes seguramente has coincidido con él en los pasillos o en el baño y habrás comentado cómo va todo o cruzado unos besos si sois más amigos. Y, en buena lógica, no tienes ningún tipo de encuentro sexual hasta que el guión lo requiere, salvo que sea tu pareja, claro, que es un caso que se da bastante también pero que no es la norma.

Tampoco voy a negar que hay actores, actrices o incluso directores que aprovechan los rodajes para ligar. Es un lugar común de todas las profesiones donde prevalece el físico y la belleza. He visto cómo algunos directores les tiraban los tejos a las actrices y también al revés, a actrices intentando ligar con el director, quizá para conseguir trabajo.

Conmigo lo han intentado muchos de los actores con los que he trabajado, de una forma u otra, pero yo me he mantenido al margen. He decidido separar el trabajo de las relaciones personales, sobre todo después de mi experiencia con Ramiro. Ahora mi vida personal está al margen de cualquier película, la persona con la que salgo no tiene nada que ver con este mundillo y no quiero volver a caer en el error de juntarlas. Necesito mi espacio.

Cada rodaje, en cualquier caso, es diferente, pues hay gente, la mayoría de las veces, que viene de distintos países. Por ello, con frecuencia, es difícil entenderte con alguna actriz o actor por culpa del idioma y resulta divertido comunicarte a través de gestos. Esto me pasó durante mi rodaje en Praga y fue la causa de muchos momentos delirantes y encantadores.

En la primera página web que tuve hace unos años trabajé con muchas chicas rusas y checas recién llegadas a España que no tenían ni idea de castellano pero no nos hacía falta hablar mucho para entendernos. Con el lenguaje del cuerpo nos bastaba. En alguna ocasión tuve muy buen *feeling* con alguna, y yo, muy rápida, me apuntaba su teléfono.

Los actores suelen estar más obsesionados con el sexo que las chicas. Ellos necesitan motivarse más que nosotras, supongo que no pueden evitarlo. Para ser actor X tienes que ser como un buen amante multiplicado por dos o tres y, si los hombres normales no paran de pensar en sexo, qué te voy a decir de los actores X. Escucha una entrevista con Nacho Vidal y sabrás de qué te hablo. Pero a las chicas a veces también se nos exige mucho, y en escenas en las que actúas con dos o más chicos a la vez debes realmente poder motivarte mucho para que la cosa funcione. No resulta fácil moverse en el mundo del cine X. Para llegar hasta donde he llegado he tenido que trabajar mucho y saber superarme a mí misma. Hay que saber elegir cada paso que das. Yo soy una privilegiada por haber podido escoger mis papeles y también por haber podido decir que no en otros momentos, aunque necesitara dinero. No todas han podido elegir. Yo he preferido a veces ganar menos y hacer sólo aquello de lo que pudiera estar orgullosa. Trabajar sólo con los mejores y, entre éstos, con aquellos que me propusieran cosas que me gustasen. He pasado épocas con menos trabajo pero no he querido romper esa pauta. Nunca he aceptado entrar en la rueda de los rodajes masivos y cutres, de las promociones eternas por festivales. Quizás he perdido dinero pero creo que puedo mirar hacia atrás sin arrepentirme de nada de lo que he hecho.

El sexo anal

El cine X también me ha enseñado a alimentar y enriquecer mis fantasías y con ello a cuidar y a mantener la pasión en las relaciones personales. Aprendes cosas en el trabajo que luego puedes poner en práctica con tu pareja, como la forma de seducirlo, las posturas en las que mejor te acoplas con él, los movimientos que te dan y que le dan más placer... Y esto los chicos lo agradecen mucho. Me consta. A todos los hombres les apasiona tener una señora en su casa y a una fiera sexual en la cama.

También hay cosas que decides reservarte para el trabajo y otras que sólo quieres hacer en la intimidad. El sexo anal, por ejemplo, es algo que me gusta bastante en mi vida privada pero que no me gusta mucho estéticamente, y no disfruto al verme en una película practicándolo. Por lo que decidí que no lo volvería a filmar. Lo descubrí de pequeña y lo practiqué a menudo con Ramiro, pero tan sólo en un par de películas. Y creo que no lo volveré a hacer si no es con la persona de la que estoy enamorada o en una de esas noches en las que me pueda apetecer tener sexo loco con un desconocido, que las hay. Pero, de momento, en el cine no.

Sin embargo, si veo una escena de sexo anal en una película de otros puede incluso hasta que me excite. Pero sólo si noto que la mujer realmente está disfrutando y si no hay muchos primeros planos, que me desmotivan.

El sexo anal es una práctica muy placentera si se hace de la manera adecuada, especialmente las primeras veces que es cuando cuesta más. Luego cada uno elige el grado de intensidad y las medidas que hay que tomar para no tener accidentes embarazosos.

Creo que los momentos en los que más he disfrutado en la cama han sido cuando he terminado el coito con una penetración anal. Además, me gusta coger el pene de mi pareja y, como si de un consolador se tratara, introducírmelo yo misma. Otras veces también me gusta que sea él quien se encargue de introducir su miembro.

Tengo claro que para disfrutar plenamente del sexo anal tienes que tener muchas ganas de practicarlo y a la vez estar muy relajada y lubricada. Últimamente se lleva mucho en algunos sectores del porno *gonzo* hacer anales muy salvajes en los que las chicas son sometidas a todo tipo de aberraciones. Además, lo enseñan como si de un trofeo se tratara, con primeros planos muy feos y estúpidas sonrisitas de los actores tipo «Mira qué macho y qué estupendo lo que hago». No puedo con esa moda. No me gusta nada y, de hecho, hay películas que ya ni siquiera veo y que me hacen entender la postura de muchas mujeres que dicen que no las excitan nada las porno. Si ni siquiera yo quiero ver ciertas películas por su falta de tacto... Y es que muchas mujeres practicamos el sexo anal, pero hay maneras muy distintas de filmarlo.

Sexo con chicas en el cine

Mis experiencias de escenas de sexo con chicas siempre han sido muy satisfactorias, salvo en alguna ocasión en la que a la chica se le notaba que no le daba ningún tipo de morbo estar con otra mujer y hacía su trabajo sin ponerle ninguna pasión. Me sucedió rodando *Hotel Lolita* con una actriz pelirroja de Praga con la que me entendía por señas.

Era muy dulce y estaba muy bien físicamente pero no se notaba nada de pasión por su parte y eso hizo que yo decidiese tomar el mando de la situación. Me puse de «ama» y ella fue mi sumisa y salvamos la escena. Pero, afortunadamente, no siempre ha sido así.

Cuando coincides con una actriz a la que le gustan las chicas y además es buena en lo suyo, el resultado es espectacular. Fue el caso de mi escena con una francesa, también en *Hotel Lolita*. Físicamente estaba muy bien, muy estilizada y trabajada en el gimnasio. Por la actitud parecía una mujer muy caliente ya que desde el primer momento jugueteó conmigo mientras nos hacíamos fotos juntas. Cuando llegó el momento de pasar a la acción, como si fuéramos un par de leonas nos tiramos la una encima de la otra sobre el césped bajo el agradable sol de la tarde.

Otro momento en el que también disfruté mucho fue grabando con Ramiro escenas lésbicas para la primera página web que tuve. Ella era una actriz del Este y parecía una muñequita, con sus pezones rosaditos y una cara de no haber roto un plato en su vida. Pero cuando le acercaba el vibrador disfrutaba de forma muy expresiva y genuina y, cuando comenzó a lamerme el sexo, Ramiro me hizo una señal de triunfo y me animó para que siguiera así. Luego él se unió a la fiesta, pero eso ya no se grabó.

Sexo en grupo

El sexo en grupo es algo que no probé hasta que fui a un local de intercambio, y la verdad es que puede ser muy divertido. Te olvidas por unos momentos de todo y te dejas llevar por la situación, por el deseo, por la pura lujuria. Llega un momento en el que no sabes cuántas personas hay a tu alrededor, cuántas manos te tocan.

En el cine, el sexo en grupo siempre ha tenido buenos resultados comerciales; de hecho, hay algunas películas en las que sólo salen largas escenas de orgías multitudinarias y se suelen llamar *gang bangs*.

Es, sin duda, el sueño o la fantasía sexual de muchos hombres, vivir de orgía en orgía, estar con multitud de mujeres a la vez. Lo he podido comprobar con cientos de correos de mi página web y de mi consultorio.

Rodar una escena de sexo en grupo normalmente suele ser sencillo. Yo he visto que casi siempre hay dos maneras de hacerlo. En la primera el director da unas pautas e indica quién va a estar con quién y luego deja que improvisen. En la segunda no hay normas ni orden y es el mismo director el que dice: «Vosotros haced y disfrutad que yo me encargo de grabaros».

Para los actores y las actrices tampoco es difícil, porque tienen más margen para improvisar y si algún actor falla y no consigue la erección pues no se nota tanto como si está solo.

En muchas ocasiones se aprovechan estos *gang bangs* para probar actores nuevos. Al frente de estas escenas casi siempre hay un actor profesional que lleva las riendas y guía a los demás.

Hay algunas actrices que han llegado mucho más lejos, ya casi a una locura de circo o de récord Guinness y han rodado escenas de *gang bangs* donde se lo hacían con cientos de hombres que esperaban en cola para penetrarla. Quizás económicamente hablando se llevasen un buen pellizco pero profesionalmente perdían todo interés para los consumidores de cine X. En algún festival erótico programaron *gang bangs* de alguna actriz con la gente del público que quisiera subir y debo decir que me parecía un espectáculo degradante y feísimo que afortunadamente ya han decidido suprimir.

En las escenas de sexo en grupo que yo he grabado nunca hemos sido demasiadas personas, y, lógicamente, te agotan más que una escena con un solo chico. Y además del cansancio físico sueles acabar a veces resentida y dolorida en tus partes de tantas horas de desenfreno sexual.

Esto pasa también cuando una actriz trabaja durante varios días seguidos en un rodaje: llega un momento en el que necesita descansar por las molestias que tiene en sus zonas íntimas.

También te puede pasar que te llegue la menstruación en pleno rodaje y que no puedas aplazarlo. Entonces se usa un truco casero que consiste en coger una esponja para bebés, mojarla, cortarla por la mitad e introducírtela en el fondo de la vagina. Así absorbe el flujo y no deja escapar nada.

La eyaculación manda

La eyaculación del actor es el momento clave en casi todas las películas X. Se supone que, dado que el lenguaje dominante es el del hombre, una escena conseguida siempre tiene que acabar con una buena eyaculación, sin necesidad de saber si la chica también ha llegado a su orgasmo.

Sin duda es lo que casi todos los espectadores masculinos están deseando ver. Enormes corridas sobre la cara o el cuerpo de la chica-*felatriz*. De hecho, hay montones de películas que tan sólo consisten en largas series de eyaculaciones «faciales», es decir sobre la cara de la chica, sin más argumento o posturas alternativas. *Cum shots* a gogó.

Durante mucho tiempo la tendencia al filmar las eyaculaciones era que éstas fueran faciales y especialmente en la boca abierta de la actriz. A raíz de la aparición del sida muchas actrices dejaron de aceptar tragarse el semen y entonces se empezaron a filmar las corridas encima de los pechos, en el culo, o también en la cara pero con la boca muy bien cerradita e incluso en los zapatos, algo que también se puso de moda entre los fetichistas.

A mí personalmente me gusta más la eyaculación sobre el pecho. Creo que es más bonita y también se puede jugar con el esperma levantando el pecho y lamiéndolo de forma insinuante.

En alguna ocasión, al recibir una eyaculación facial se me coló el esperma en el ojo y lo pasé fatal al mezclarse con el maquillaje. El ojo se te queda fastidiado un buen rato, y por eso ahora prefiero que se corran en cualquier otra parte del cuerpo y evitar molestos accidentes.

En la intimidad es otra cosa. Con mi pareja sí que me gusta que lo haga en mi boca. Hay veces que realmente lo necesito, que me apetece un montón.

También recuerdo algún rodaje en el que un actor eyaculaba prácticamente sólo un líquido transparente y necesitó que se usaran los truquitos de la abuela para disimularlo. Hay uno que se utiliza en casos extremos y que consiste en llenar un preservativo con gel líquido mezclado con un poco de agua. Se hace un nudo, se abre un pequeño agujero en la punta y apretando sale todo disparado como si de una eyaculación increíble se tratara.

Y recordando anécdotas sobre este tema, siempre me ha hecho mucha gracia cuando algún actor, al que por un fallo de puntería se le había escapado el semen fuera de plano, le decía al agobiado director: «No te preocupes que en tres minutos me corro otra vez.» Así de supermachos son algunos.

Contigo me gusta más

Los actores suelen ser bastante más ansiosos en general que nosotras en los rodajes.

Por ejemplo, Nacho Vidal, antes de cada escena, acostumbra a meterle mano a la chica delante de todo el equipo salvo que ella se lo impida. Él bromea con ella y le gusta mucho hacerse el chulito y dejar claro que es un superhombre. Es algo habitual en determinados actores, aunque normalmente ellos no son tan presumidos como nosotras. Lo que sucede es que los que lo son nos superan de lejos...

De todos los actores con los que he trabajado, Andrea Moranti es uno de los que mejor me lo han hecho pasar. Es todo un terremoto que no para de hacer bromas y de fumar porritos, aunque esto no le afecta para luego desempeñar bien su trabajo. Al contrario. Cuando hemos rodado escenas de sexo juntos, él ha intentado siempre que yo disfrutase y eso es algo que se agradece. Tiene sus tácticas, como irte diciendo cosas agradables al oído: «Estás tan buena» o «Qué bien lo haces», etc. Y, lo cierto, es que pone empeño y le sale muy bien.

Me encantó cuando estábamos trabajando en *Lobo*, en una escena sobre una tumba, y yo comencé a moverme con él dentro de mí. Él se quedaba quieto gozando y conforme pasaban los minutos se iba emocionando.

Otro de los actores con el que he pasado muy buenos momentos es Ramón Nomar. Desde que lo vi me encantó. Es alto, grande, de cuerpo supergustoso y, sobre todo, con un buen miembro que además sabe utilizar. Pero quizá lo que más me gustó de él es que siempre fue muy caballero; el actor más caballero que he conocido. Nuestra relación siempre fue buena y cuando nos hemos vuelto a encontrar, ya fuera por trabajo o por placer, ha habido muy buen ambiente. Un día, después de estar cenando juntos, hablando de trabajo y de algunos temas más... ¡tuvimos que irnos a un hotel! Yo estaba muy excitada y él, que me conoce, me lo notó y me dijo: «¿Quieres que nos vayamos?»

Y tanto que nos fuimos: lo pasamos realmente bien en aquella habitación. Ha sido la única vez que tuve sexo con un actor fuera de cámaras.

Menage à trois

Otro de los actores con los que he estado más a gusto fue Edy, con el que solíamos salir Ramiro y yo fuera del trabajo. Edy es bisexual y, aunque sus parejas siempre son hombres, le gusta también mantener relaciones sexuales con chicas o con parejas, como pasó en una ocasión con nosotros dos.

Una noche que estábamos los tres en la barra de un bar, un poco colocados, comenzamos a besarnos. Primero Ramiro y yo y luego con Edy, los tres juntamos nuestras bocas largo rato. Estábamos muy pegados y Ramiro sin cortarse, como siempre, se sacó el pene y puso mi mano sobre el paquete de Edy. Excitadísimos, nos fuimos a un lugar más escondido, en la escalera de incendios del centro comercial donde estaba el local... y allí continuamos más a fondo. Luego, ya en casa de Edy, yo disfruté muchísimo. Lo fuerte fue que Ramiro en medio de su colocón, al ver lo bien que me lo pasaba, se enfadó conmigo. No sé cuántas tonterías me soltó. No me apetecía aguantarlo en ese estado y me fui a casa a dormir.

Con la mayoría de las actrices que he conocido y con las que he trabajado casi siempre he tenido una buena relación, pero nunca ha surgido ese algo maravilloso como para llegar a plantearte una relación más seria. Sobre todo porque, como he comentado antes, yo tenía y tengo una vida personal fuera y la mayoría de ellas también.

En general, debo reconocer que, trabajando, he tenido muchos momentos en los que lo he pasado muy bien y he disfrutado de muy buen sexo. También me he sentido muy halagada durante algunos festivales por las proposiciones que me hacían algunos chicos y chicas, pero casi nunca me dejé llevar. Quizá necesito que me transmitan algo más que sólo sexo para irme a la cama con alguien. Aunque muchas veces yo misma incumplo esa regla y me lanzo a la aventura. Pero no lo he hecho nunca salvo ese día con Ramón. Que es mucho Ramón. Algo que me gusta de los profesionales del cine X es que saben diferenciar muy bien entre el sexo y el amor. Una cosa que parece sencilla pero que me consta que no lo es para muchas personas. Y esto, aunque yo no he sido una mujer promiscua con mis colegas, siempre ha hecho que las cosas fueran más fáciles y claras entre todos.

Las ETS, el sida y los preservativos

Uno de los grandes tabúes que siempre ha acompañado a los actores eróticos es el miedo a las enfermedades de transmisión sexual, especialmente, desde hace dos décadas en que hizo su aparición, el sida.

Yo he sido muy precavida en el tema de la protección para no contraer enfermedades. Es un tema que produce bastante respeto y no me gustaría nada acabar infectada.

Algunos actores han declarado alguna vez que ellos no piensan en eso, pero estoy segura de que cuando van a hacerse las pruebas cruzan los dedos.

La rutina antes de rodar cualquier escena de sexo era comprobar resultados de las pruebas del sida de tus compañeros de reparto. Aun así sabías que el riesgo existía, pues podían haberlo contraído en algún momento posterior o no haberse detectado aún en la prueba de marras. Nunca sabes con quién puede haber estado fuera del trabajo. Por ello nosotros intentábamos trabajar siempre con gente conocida y de confianza. Pero, hace unos años, sucedió que en Estados Unidos una actriz se contagió en un rodaje y unos cuantos actores tuvieron que estar a expensas de ver si también habían contraído el VIH.

Para mí, que entonces ya estaba a punto de lanzarme a trabajar sólo con preservativo, un tema que provoca muchas discusiones con directores y productores, aquello fue el empujón que necesitaba. No quiero arriesgarme a ser víctima de algún irresponsable. En mi vida personal, en muchas ocasiones, me he cortado de enrollarme con alguien por este tema. Me apetecía hacerlo sin preservativo pero sabía que no debía.

Es el peligro que tenemos los que pertenecemos a esta gran familia del cine X, que al final nos vamos encontrando todos y trabajando con los mismos. Por eso pasó lo del contagio de Estados Unidos. Ese actor infectado trabajaba cada día con una, dos o más chicas, y a lo largo de la semana con diez o veinte, lo que multiplicaba más los riesgos. Aun así es importante destacar que en la historia del cine X los casos de contagios han sido contados. Al estar más expuestos somos más conscientes y nos cuidamos más que los demás.

Desgraciadamente, en la vida cotidiana, muchos jóvenes aún cometen muchas imprudencias, con la típica creencia de «a mí no me va a pasar», se olvidan de tomar las precauciones debidas.

Muchas de las actrices más cotizadas exigen hoy en día rodar con preservativo. Si el porno es el escaparate del sexo creo que es bueno que se dé ejemplo a los espectadores de que deben usarlo y que la gente no piense que puede encontrarse con un desconocido y hacerlo a pelo y no correr riesgos. Ya no, desgraciadamente.

9

Mis rodajes X

1. *La mujer pantera*
Director: Ramiro Lapiedra
Actores: Celia Blanco, Nacho Vidal, Max Cortés, Claudia C., Bibian Norai
Fecha: junio de 2001
Lugar de rodaje: Tarragona

La primera película que rodé, y por ello también mi primera incursión en el mundo del cine X, fue *La mujer pantera*, aunque antes había rodado una escena para la colección de porno con actores principiantes de Fisgón Club en la que, curiosamente, Ramiro tenía un papel como actor. Muchas personas creen que aquello fue una película, yo no la considero como tal, fue más bien una locura que nos dio por hacer a los dos juntos en un momento de experimentación. Además, el requisito era que fuera totalmente de principiantes y lo cumplimos, el cámara fue su hermano y nos tiramos a rodar sin muchas complicaciones. La experiencia de Ramiro como actor en esa ocasión funcionó bien pero, más adelante, descubriría que aquello no era lo suyo, que con las cámaras delante no conseguía una erección y ahí acabó su trayectoria de ese lado de la cámara. Este episodio tiene cierto valor para los fans, por ser la única vez en la que Ramiro y yo grabamos juntos una escena de sexo.

Desde luego, si no hubiera sido con él no habría hecho una locura como aquélla, no es un tipo de cine en el que me guste intervenir, pero lo hicimos porque nos hacía gracia y estábamos en un momento de probar cosas.

Como ya he comentado en capítulos anteriores, mi primera escena X fue con Nacho Vidal y resultó muy satisfactoria en todos los sentidos: desde el punto de vista profesional, visual y, claro está, personal.

En esa película, además de las escenas de sexo, había que rodar el resto de la trama, en la cual interveníamos muchas personas. Yo me lo pasé genial interpretando el papel de chica enamorada de su novio, un tipo algo machista e intransigente.

Siguiendo el argumento, yo descubría a mi prima y a mi novio montándoselo juntos, me emborrachaba para intentar olvidar aquel mal trago y me vengaba de él haciéndomelo con otro chico de la fiesta, interpretado por Max Cortés.

Además de la experiencia de que me filmaran haciendo sexo por primera vez, en esa película yo aproveché para fijarme en todo y en todos y aprender del oficio. Disfruté observando cómo desde el primer día se iba desarrollando en orden el plan de rodaje, y al ser verano y estar en un exterior tan bonito resultaba muy agradable grabar algunas secuencias, como por ejemplo una en la que estaba con mi tía (Bibian Norai) y mi prima (Tania) en la piscina.

Era un plano secuencia que recuerdo muy bien y que consistía en que yo bajaba desde la casa, cruzaba el jardín y me metía en la piscina con mi prima, a tirarnos agua y a jugar con la colchoneta, mientras nuestra tía nos recitaba un poema y tomaba el sol al borde.

Después, ya a solas, grabamos unas tomas de recursos míos en el jardín, tumbada encima de una colchoneta. La imagen era muy estimulante: el azul del agua de la piscina y mi cuerpo bronceado, con un toque de aceite, al intenso sol. Yo me encontraba tan bien que casi me quedo dormida. Cuando terminamos me di un chapuzón que me sentó de maravilla.

El peor momento para mí, la escena que más me costó de todas, fue aquella en la que tenía que masturbarme yo sola, en mi supuesta habitación. No conseguía concentrarme con todo el equipo allí mirando, y además aquel sitio no era muy grande y entre la cámara y toda la parafernalia estaba de lo más incómoda. Fue, curiosamente, el único momento en el que fui consciente de que estaba rodando. Además, para mí la masturbación hasta entonces era algo muy íntimo. Tenía que jugar con un torito de juguete a modo de consolador y poco a poco entrar en estado de éxtasis, pero no me sentía excitada, estaba cohibida para poder interpretar y acabé pidiendo que saliese todo el mundo. En realidad se lo pedí a Ramiro y él fue quien se lo dijo a todos. Al final nos quedamos la cámara, Ramiro y yo, y el resultado fue bueno, pero tengo que reconocer que me bloqueé mucho. Pero ¿quién dijo que los comienzos fueran fáciles? Desde aquel día era yo misma la que le pedía o casi exigía a Ramiro que me pusiera una escena de masturbación en cada película.

En los momentos en los que se grababan escenas de sexo no podía estar presente nadie que no fuera necesario. Sólo se quedaban los actores, el cámara, los iluminadores, la maquilladora y, por supuesto, el director.

Una de las primeras escenas que vi rodar fue la de Tania en la piscina junto a Max. Recuerdo que ese día me enfadé con Ramiro porque yo quería verla y él no me dejaba y aquello me sentó fatal pues, en teoría, yo podía estar. Así que me tocó quedarme dentro de la casa, pero no aguanté y desde una de las ventanas me puse a cotillear. Estaba bastante lejos, aunque era suficiente para ver cómo se desarrollaba la escena al borde de la piscina. El contraste entre Max y Tania era brutal. Ella exageradamente blanca y él bronceadísimo. Con la ayuda de un día tan despejado aquello resultaba muy *sexy* y bonito. Todo transcurrió con normalidad, hicieron varios descansos y en total estuvieron unas cuatro o cinco horas hasta acabarla.

Otro de los momentos que más me llamó la atención fue cuando le tocó a Tania compartir escena con Nacho, que, según el guión, era cuando me ponía los cuernos con mi novio. Se rodaba en el interior de la casa, en una habitación. Después del momento en el que ella lo seducía, se ponían a hacer el amor a lo bestia y entonces todos nos quedamos alucinados de cómo chillaba Tania. Fue tan fuerte que desde una de las casas vecinas, algo alejada, estuvieron a punto de llamar a la policía por el escándalo que estaba montando. La de veces que tuvieron que decirle que no chillase tanto. Yo no sé cómo Nacho pudo concentrarse con aquellos alaridos.

Durante ese rodaje lo más duro fue acabar de currar casi todos los días tardísimo: a las dos o las tres de la madrugada e incluso en alguna ocasión más tarde. A eso hay que añadir el tiempo de coger el coche y algo más de una hora hasta llegar a casa, preparar el vestuario del día siguiente, y luego levantarnos a las seis de la mañana, de nuevo al coche, y así sucesivamente. Pero, lo cierto es que mereció la pena, pues el resultado fue bueno.

Durante el rodaje de esta película no fui nada consciente de sentir pudor al rodar escenas de sexo explícito, salvo la de la masturbación. Cuando recuerdo esos días pienso que nunca me había imaginado que haría cine X y menos de una forma tan espontánea. En general soy muy celosa de mi intimidad y considero que el sexo es algo muy personal. Una cosa es en mi casa y otra ante una cámara. En el camino he aprendido que se puede practicar sexo con alguien sin necesidad de amarlo, pero también soy más consciente de que el sexo con amor es mucho más placentero. El gran proyecto de hacer un buen cine X surgió y creció en mí al estar junto a la persona de la que estaba enamorada y en la que confiaba ciegamente. Nuestro amor por el sexo y el cine nos llevó a rodar películas X, grandes películas X y consiguió que yo rompiera mis tabúes fácilmente al estar todo el rato arropada por él.

2. *Delirio y carne*
Director: Ramiro Lapiedra
Actores: Celia Blanco, Claudia Claire, Sandra G., Melisa, Helena, Robbie Blake
Fecha: diciembre de 2001
Lugar de rodaje: caserón Aleya (afueras de Barcelona)

Delirio y carne fue sin duda un gran reto para Ramiro y para mí, pues tras nuestra primera producción, *La mujer pantera*, nos quedamos con las ganas de hacer más cosas y nos dimos cuenta de que había muchos pequeños detalles que podíamos mejorar. Lo bueno y a veces también lo malo de que ambos fuéramos muy perfeccionistas es que siempre intentábamos superarnos, pero esa ansiedad por mejorar también nos creaba cierta insatisfacción.

Nuestra imaginación no tenía un momento de respiro y no parábamos de darle vueltas a todo y de hacer nuevos proyectos. La parte negativa era que a Ramiro le daban pequeñas crisis cíclicas de negatividad: se empezaba a quejar por cualquier motivo y lo veía todo desde un prisma muy pesimista. Menos mal que sólo le duraba un rato, generalmente por las noches, y al día siguiente se le había pasado.

Comenzamos preparando la nueva película con mucho más detalle y precisión. Todavía nos duraba la euforia de la primera experiencia aunque ya habían pasado unos meses, estábamos en diciembre del mismo año. Nos habíamos planteado esta película para que fuera mucho más onírica y rica en fantasías, jugando con los conceptos del bien y el mal, el deseo, lo prohibido y un sinfín de sensaciones tórridas.

La localización principal era una gran mansión, tipo castillo de rancio abolengo, rodeada de un amplio terreno con muchos árboles e incluso cuevas. En el interior había desde una enorme biblioteca hasta una capilla antigua, muy bonita, con toques dorados y llena de encanto.

La historia de la película trataba de dos chicas, Claudia y yo, que dando un paseo por el campo encuentran por casualidad un viejo castillo y, como niñas curiosas, se adentran en él sin saber lo que les espera dentro: monstruos, hechizos, sueños que cobran vida y seres endemoniados. Era todo un cruce de géneros entre el terror psicológico y el porno.

En una escena en la que mi amiga y yo nos perdíamos, yo oía ruidos muy raros y salía corriendo de allí para acabar, como en todas las pelis de miedo, en el peor lugar imaginable: en una lóbrega cueva en la que me había parecido ver una luz. Entonces subía por una angosta escalera y de golpe me daba de bruces con Edy, un forzudo gigantón con una gran maza y pantalones militares, que por supuesto me obligaba a mantener relaciones con él. Recuerdo que el pobre Edy, que nunca tiene problemas de erección, estuvo muy poco inspirado. Y es que en ese rodaje, al hacerse en invierno, siempre hacía un frío de muerte y aquella escena además la hicimos de noche. Fue un rollo acabarla, pues tuvimos que parar un montón de veces para que Edy «entrara en calor» en aquella gélida cuadra donde me poseía, pero al final en la peli apenas se nota y quedó bastante bien, pues casi todo se puede arreglar con un buen montaje, si has rodado bastante celuloide.

Mi papel en esta película era el de una joven aniñada, tan inocente en su forma de actuar como en el sexo. En todas las escenas era muy sumisa y complaciente.

El rodaje fue muy intenso y contamos con bastante más equipo que en *La mujer pantera*. Éramos casi cuarenta personas, tres camiones de luces y todo el equipo necesario para una producción importante, algo que en el cine X español no es muy frecuente. Hay otro momento de esa película que recuerdo todavía muy bien: Claudia y yo estábamos en la biblioteca y nos quedábamos de pronto dormidas. Esas cosas, insisto, sólo pasan en las películas, pues yo no me he quedado en mi vida dormida en un sitio tan frío como ése, pero bueno, son concesiones del género que todos aceptamos. Entonces yo entraba en un sueño muy profundo, me levantaba sonámbula y me dirigía hacia la capilla, donde se encontraba otra actriz que hoy es también una gran amiga, Sandra G. Ella estaba semidesnuda y rodeada de una enorme serpiente albina que venía a representar un demonio y, como mandan los cánones, yo me enrollaba con ella. Ya he dicho que era muy sumisa.

Ese momento lésbico de la capilla fue muy bonito y *sexy*. Ella estaba subida encima de un pedestal con su serpiente y yo, después de escuchar unas palabras en mi interior, me acercaba y ambas vivíamos un encuentro muy erótico, suave, pero muy intenso.

Me gustó mucho jugar con aquella serpiente; nunca había tocado una, pues me daban cierto reparo, pero una vez que la cogí, con la confianza que me transmitía Sandra, me la puse por detrás del cuello y me encantó. Estaba fría y suave y afortunadamente no se movía mucho.

Cada uno de los ambientes que se recreaban en esa película, como este de la capilla, tenían un punto mágico y esotérico. Después de iluminar y ambientar el entorno, realmente te olvidabas de que allí había gente trabajando alrededor y por momentos hasta olvidabas que aquello era una película.

El frío se convirtió en el protagonista inesperado del rodaje haciendo las condiciones del mismo mucho peores de lo que habíamos imaginado. A algunos de los actores les sucedió como a Edy, que no podían entrar en calor fácilmente, y eso retrasaba las tomas. Se les quedaba el miembro casi congelado, y a nosotras también, claro, sólo que nos es más fácil disimular. Las escenas de exterior al final quedaron muy bonitas, pero fueron superduras de realizar.

A lo largo de toda la película iba apareciendo en distintos momentos el personaje de una enana. Lo interpretaba Elena, que también es actriz porno. De hecho es una mujer muy sexual y tiene en su currículo el privilegio de haber trabajado con Nacho y con Rocco a la vez en la misma escena. Podría decirse que es toda una máquina sexual en miniatura, que también participó más tarde con nosotros en *Compulsión* aunque no participó en ningún caso directamente en una escena de sexo. En esta película ella era uno de los seres malignos que nos perseguían.

Me pareció una persona supergraciosa que transmitía una gran ternura pero a la vez era una hembra de armas tomar. Le pidió en varias ocasiones a Ramiro tener una escena de sexo en la película y éste no es que no quisiera, porque tanto a él como a su hermano Pablo, sobre todo, les habría encantado que Elena la hubiera hecho, pero en la productora y distribuidora Elephant Channel no querían, pues pensaban que aquello les impediría vender la película a Canal Plus. En fin que, como se demuestra, éramos independientes pero no tanto. El que paga manda.

Me acuerdo que Pablo Lapiedra me dijo en un par de ocasiones durante aquel rodaje refiriéndose a ella: «Mira qué culo tiene Elena, es la enana con mejor cuerpo que he visto y además es un encanto». Algo con lo que yo estaba totalmente de acuerdo.

3. *Compulsión*
Director: Ramiro Lapiedra
Actores: Celia Blanco, Rita Faltoyano, Claudia Claire, Fabiola, Ramatulaif
Fecha: abril de 2002
Lugar de rodaje: chalé de lujo en Aleya (afueras de Barcelona)

Cada vez que terminábamos de montar una película y comenzábamos el proyecto de otra nueva, como en el caso de *Compulsión*, tanto Ramiro como yo la cogíamos con más ganas si cabe. Quizá se debía a los meses que pasaban entre una y otra, porque siempre volvíamos con energías renovadas.

Compulsión es mi película preferida. Quizá por el *look* tan elegante que tiene, por el *casting* tan acertado y, sobre todo, por la gran implicación de los que participamos en ella: actores, equipo técnico, maquilladoras, fotógrafos... Creo que nos juntamos un equipo con mucha ilusión por el trabajo y eso se notaba en que había muy buen rollo entre todos, incluso con los dueños de la casa en la que montamos el set, y esto siempre ayuda. Además el buen tiempo también acompañó y la supercasa con jardín y piscina que conseguimos, que era una monada y muy acogedora.

Hubo algunos momentos muy especiales que yo contemplaba mientras me maquillaban, como cuando rodábamos en el jardín con Claudia y su novio Robbie, ambos tumbados al sol, jugando con su perro y con Elena, la actriz enana que sólo grababa escenas de comedia con nosotros. Y los cámaras y toda la gente moviéndose para arriba y para abajo mientras Ramiro con su bastón intentaba organizarlo todo.

En esta película todo estaba cuidado hasta el último detalle para dar una imagen muy elegante. La historia trataba de un matrimonio en el que ella (es decir, yo) estaba algo trastornada, pues su marido (es decir, Robbie) le era infiel y además lo era en su propia casa y en su presencia, sin cortarse un pelo.

Una de las escenas más bonitas transcurría en la terraza, donde estábamos comiendo al aire libre. Al terminar, los dos hacíamos el amor de manera muy ardiente junto a la piscina y visualmente resultó de lo más atractiva y *sexy*. Además me resultaba muy fácil trabajar con Robbie, un buen amigo y un excelente compañero que estaba casado con Claudia Claire, una de las actrices que más ha colaborado con nosotros. Ambos forman una pareja encantadora delante y detrás de las cámaras.

Aquella escena comenzaba con una suave y dulce felación que yo le practicaba a Robbie mientras él derramaba un vaso de leche encima de su miembro. Parece extraño afirmarlo, pero el resultado fue de lo más sofisticado. Mi personaje quería atraer a su marido agotándolo en la cama para evitar que le fuera infiel. Hacíamos el amor durante todo el día hasta el anochecer. Grabamos diferentes posturas entre ambos y en distintos lugares, al borde de la piscina, junto a la mesa, encima de una silla. Éramos un matrimonio joven y atractivo disfrutando de muy buen sexo.

En esta película además era la primera vez que yo montaba a caballo, un caballo blanco precioso que nos dejó una chica de Aleya, que tenía cerca una escuela de equitación y unas cuadras estupendas. Siempre me han gustado mucho los caballos, son mis animales preferidos, aunque nunca se me había pasado la idea de montar uno y, mira por dónde, esta película me dio la oportunidad.

Una de las escenas de sexo que más me gusta de *Compulsión* es precisamente una en la que aparezco montando ese caballo por el campo como en mitad de un sueño, dando un largo paseo con él por un monte salvaje donde había una frondosa arboleda cuya sombra apreciábamos mucho al mediodía. Llega un momento en que me bajo para descansar y me encuentro con un hombre que se me acerca desafiante. Al poco rato aparecen otros dos más que estaban escondidos en la maleza. Los tres me rodean y acaban haciendo el amor conmigo en grupo.

Tardamos bastantes horas en rodarla, pues íbamos cambiando de posición al igual que la cámara, y además la tierra del suelo estaba muy húmeda, con lo que se me hundían los tacones en ella y tenía que ir de puntillas simulando que andaba de forma normal. En esto del cine y la fotografía hay tantos pequeños trucos que no todo es lo que parece. Me refiero a determinadas posturas, puntos de apoyo y esas cosas tan tontas que a veces te llevan una eternidad para lograr el efecto deseado. En el cine hay que aprender a actuar y también a saber esperar.

Me encantó rodar con aquel caballo que sobre la marcha parecía bastante obediente. La dueña me dio algunas instrucciones y debo confesar que al principio pasé bastante miedo, pero poco a poco me fui acostumbrando y luego resultó muy divertido. Después de estar unas cuantas horas montándolo pensé que ya le había cogido el tranquillo. También tuve unas agujetas de primera en los muslos (aunque esto lo noté horas más tarde). Cuando ya habíamos acabado la escena y estaba haciéndome la sesión de fotos de lo más confiada, de repente el caballo se puso nervioso, levantó las patas delanteras y casi me dio una coz. Nerviosa, llamé a la dueña para que lo calmara, hice algunas fotos más sobre él y me bajé. Creo que mi historia no supera lo que le pasó al pobre Christopher Reeves, Superman, pero para mí fue muy emocionante.

Toda esta escena del caballo y los hombres que me asaltan representaba un sueño erótico de mi personaje y la rodamos semanas antes que el resto de la película, en la misma localización de *Delirio y carne*, cerca del precioso y enigmático castillo donde me adentraba con mi amiga Claire.

Otra de mis escenas favoritas es una en la que me dispongo a echar una siesta después de hacer un poco de ejercicio en el gimnasio. Comienzo a tocarme el cuerpo sudado, a excitarme poco a poco y acabo gozando y acariciándome yo sola. Fue un momento muy fuerte, sobre todo al recordar mis problemas de la primera vez con estas escenas en solitario. Aquí sucedió todo lo contrario. Mientras yo me acariciaba estaban presentes dos cámaras, dos fotógrafos, la maquilladora, los ayudantes de iluminación, Ramiro, etc., y la primera vez que paramos, después de hacer distintas tomas, noté un silencio que me estremeció. Me di cuenta de que realmente había causado su efecto y de que casi todos estaban entre excitados y cortados, y esa sensación, lejos de disgustarme, me agradó. Significaba que les había gustado tal cual, y es que, a diferencia de lo que pueda parecer en muchas ocasiones, las escenas no excitan tanto cuando las estás rodando como cuando las montas después. Siempre hay imprevistos de algún tipo, interrupciones, momentos de cansancio, etc. Todo es más forzado en vivo aunque luego no se aprecie en el montaje final. No es lo mismo ver una secuencia de sexo en una película en la que a lo mejor dura media hora que verla mientras se rueda durante todo un día.

Siguiendo el argumento de *Compulsión*, después de la susodicha masturbación yo me quedaba profundamente dormida y soñaba que estaba con dos preciosas mulatas, interpretadas por Fabiola y Ramatulaif, dos chicas encantadoras y muy sexuales. Ésta es más tierna y aquélla más seria, pero ambas se entregaban a fondo.

Antes de comenzar la escena nos preparamos a conciencia: maquillaje, peluquería, y como estábamos ya desnudas nos embadurnamos también con aceite y purpurina, Ramatulaif de un color, Fabiola de otro y yo de dorado. Craso error que pagamos enseguida. Cuando ya estábamos en acción, de tanto lamernos y lamernos llegó un momento en el que sin darnos cuenta nos habíamos tragado todo el aceite y... sabía fatal. Nos partíamos de risa ante lo absurdo de la situación y nos teníamos que ir enjuagando la boca para no irritarnos nuestras partes más íntimas. A pesar de ese incidente, hubo un momento en el que las tenía a las dos a mi disposición y me consta que ambas disfrutaron, y mucho, de mi atenta y juguetona lengua.

Como dije, fue un rodaje con muy buen ambiente y hubo un sinfín de momentos en los que me lo pasé estupendamente, como durante las comidas o las cenas, cuando nos poníamos a contar batallitas y chistes sobre situaciones divertidas que nos habían pasado. Éramos tantos que se montaba un bullicio muy loco pero encantador. En fin, el ajetreo de un rodaje.

Espejismo (corto)

Rodamos este corto exclusivamente para regalarlo como extra con la película *Compulsión* y quedó muy bonito. Nos fuimos a Sitges a rodarlo y todo fue como una divertida excursión en la que lo pasamos de maravilla. Era a principios de verano y hacía un delicioso y suave calor, que nos acompañó desde que bajamos del coche hasta acceder a la escondida calita a la que no se podía llegar más que a pie. Fuimos adrede a un sitio tan alejado para que no pudiera vernos nadie, y para bajar hasta la playa tuvimos que hacer como los alpinistas, agarrarnos a las rocas en una pendiente de unos cuantos metros. Lo más delicado fue transportar el equipo, las cámaras, las luces, etc., pero con cuidado lo fueron bajando todo. Yo iba muy feliz con mi faldita y mis chanclas. Una vez que llegó todo el equipo nos fuimos acomodando como pudimos procurando aprovechar la poca sombra, pues ya empezaba a apretar el sol. Y, mientras yo me maquillaba, se preparaba el set donde íbamos a rodar. Cuando llegó el momento, nos colocamos justo en un hueco que había bajo una gran roca, en una zona cerca del mar y después nos adentramos un poco más en el agua hasta que nos llegaba hasta las rodillas; era tan agradable estar allí con tres chicos, Ramón, Edy y Paco. Para éste era su primera vez y lo hizo muy bien.

Todo iba sobre ruedas hasta que hubo un momento, ya casi al final, en el que estábamos todos un poco agotados. Y es que el lugar era muy bonito, pero, la verdad, no resultaba nada cómodo pues era totalmente rocoso y no había forma de acomodarse sin hacerse daño. Te resbalabas con facilidad y era complicado aguantar en las posturas de penetración, pero aun así lo soportamos con buen humor y el resultado mereció la pena.

Cuando terminamos, Ramón, Edy y Paco se fueron a bañar y volvieron como nuevos, yo me pegué también un buen remojón y me desmaquillé.

En uno de los parones que hicimos para retocarme, la pobre maquilladora se pegó un golpe con la punta que sobresalía de una roca y casi se abre la cabeza. Menos mal que no pasó nada y todo quedó en un chichón, grande, pero sólo un chichón. Para volver a los coches nos tocó de nuevo escalar; íbamos todos con mucho cuidado pues era bastante peligroso, menos Edy que estaba acostumbradísimo y parecía que volaba.

4. *Las lágrimas de Eros*
Director: Ramiro Lapiedra
Actores: Celia Blanco, Cristina Bella, Claudia, Andrea Moranti, Ramón Nomar
Fecha: enero de 2003
Lugar de rodaje: Barcelona

Las lágrimas de Eros es una de las películas más bonitas que he protagonizado. Todo se cuidó al detalle como en las anteriores, pero con más entusiasmo si cabe y, desde luego, con una mayor experiencia de todos los que la hicimos posible. Había un buen reparto, una localización muy cuidada, buen sexo y una exquisita puesta en escena.

En cada película que hacíamos siempre aprendíamos algo nuevo, como, por ejemplo, a cuidar los pequeños detalles para así aumentar la expresividad de los personajes y que el espectador pudiera captarlos mejor.

Esta película creo que tuvo una magia especial; aquí Ramiro soltó todo el talento que llevaba dentro.

La escena que más me gusta de esta película es una que compartí con una amiga a la que yo misma convencí para que se estrenara en el cine X conmigo. Ella, aparte de estar muy bien físicamente, es una persona muy activa y morbosa, sexualmente hablando. Después de comentárselo y por supuesto de convenir un precio por el trabajo, se vino al rodaje y nos pusimos al tajo, divertidas y algo nerviosas.

El ambiente que envolvía la secuencia era *sexy* y relajante: tonos anaranjados muy cálidos, unas sábanas doradas, muchas velas, un maniquí muy expresivo en un rincón con unas lágrimas rojas pintadas en la cara y una acogedora chimenea con un fuego muy vivo. Las dos llevábamos lencería de color negro, ella de látex y yo a juego con una larga bata de gasa, ambas con medias de liguero muy sensuales. La imagen de ella ante mí al despertarme, con una venda tapando sus ojos, representaba mi deseo hecho realidad, una ofrenda misteriosa y sensual. Para ser su primera escena erótica ante una cámara admitimos que lo hizo genial, incluso mejor que muchas actrices profesionales con las que habíamos trabajado antes.

Otro de los recuerdos especiales de *Las lágrimas de Eros* lo proporcionaba el original atrezo compuesto por un montón de maniquíes de aspecto misterioso, colocados estratégicamente en diversos lugares de la escena. Había muchas muñecas desnudas con pelucas rubias rizadas, otras sin pies, flotando en el agua de la piscina o iluminadas tétricamente por la magia de las velas.

También hay una escena que me gusta mucho que hice con Ramón Nomar. Él estaba caracterizado como un monstruo mitológico, con una cabeza de caballo, y yo llevaba un vestido de dos piezas de encaje rojo y me dejaba embaucar por ese mitad hombre y mitad caballo que me hacía el amor de forma tierna y brutal a la vez. Pero lo fuerte era el ambiente tan surrealista: el caballo estaba jugando al ajedrez con otro actor cuya cabeza era la de un cerdo, que se iba cuando yo entraba en escena. Entonces yo comenzaba a acariciar dulcemente la suave cabeza del caballo, que no sé cómo aguantaba. Siempre me ha hecho gracia y me ha llamado la atención lo que puede llegar a aguantar Ramón sin agobiarse, ya sea en sesiones de fotos o en películas; le puedes poner lo que sea que lo soporta y trabaja perfectamente. Lo he visto atado, maquillado como una puerta, con la cabeza totalmente tapada con una agobiante capucha de cuero y no se agobiaba nunca, y puedo asegurar que no es fácil. No todos aguantan de esa manera tan profesional.

Hay otro momento que no puedo olvidar en el que me enfrentaba a mi amigo Robbie, que iba caracterizado como un diablo llamado Tanatos y armado con un montón de espadas. Al final él me vencía y me sometía; todo quedó muy bonito, pero sólo el equipo, Robbie y yo sabemos lo incómodo que es montárselo encima de un columpio: dolores de espalda y de cuello, por no mencionar los morados que me salieron. Como contaba antes sobre *Espejismo* —donde lo hacíamos sobre las rocas de una cala—, esto era algo normal en nuestras películas, dadas las localizaciones tan exóticas, y casi siempre en exteriores, que buscaba Ramiro. Es algo que forma parte del abecé del actor; casi siempre acabábamos con alguna herida del roce con el suelo, con algún morado, pero capítulo aparte era lo del pobre Ramón al que cada vez que rodaba conmigo le hacía alguna trastada sin querer. Una vez le clavé el tacón en la rodilla y le volví a hacer daño en esa escena en la que salía con la cabeza de caballo. Menos mal que era un buen compañero y soportaba eso y más.

Creo que uno de los aciertos de esta película es que mezclaba muy bien una serie de escenas de un alto voltaje de sexo con una ambientación onírica muy bella, en la que abundaban las máscaras, los disfraces, los elementos mitológicos, todo con una estética muy bonita y elegante.

Durante este rodaje sólo fui al plató los días en los que tenía que hacer alguna escena, pues en las anteriores ocasiones me pasaba el día allí metida y llegó un momento en el que no tenía tanto tiempo como cuando comenzamos. Había más compromisos de todo tipo: sesiones de fotos, entrevistas en teles, reportajes para revistas, etc. Luego, Ramiro, por la noche, me contaba qué tal había ido y, si no venía muy tarde, me enseñaba algunas imágenes y hablábamos de mis intervenciones.

También es cierto que poco a poco todo se volvía más fácil y mecánico pues nos íbamos conociendo todos mucho, ya que casi siempre trabajábamos con el mismo equipo de gente. Sabíamos de antemano lo que se podía esperar de cada cual y, por ello, a veces Ramiro amoldaba el papel a la medida del actor o la actriz pues conocía sus límites.

En nuestras películas siempre hubo un ambiente muy

familiar y bastante buen rollo, además hemos contado habitualmente con parejas que también lo eran en la vida real, como Ramiro y yo, y hubo mucho respeto entre todos. Es algo que no tiene precio.

5. *Lobo*
Director: Ramiro Lapiedra
Actores: Celia Blanco, Silvia Lancome, Terry Summers, Andrea Morante
Fecha: julio y agosto de 2004
Lugar de rodaje: caserío cercano a Bilbao y alrededores de la misma finca

Lobo ha sido la producción que más tiempo, dinero y esfuerzo nos costó a Ramiro y a mí. Se rodó en un bonito caserío, junto a un río, en las afueras de Bilbao. Había mucho terreno verde a su alrededor con caballos y ponis, y el equipo lo formábamos más de cincuenta personas.

La familia propietaria de la casa se encargaba de hacer la comida y la limpieza diaria con dos chicas que todos los días por la mañana, mientras estábamos todos trabajando, lo preparaban todo.

Ramiro y el resto del equipo pasaron allí dos meses enteros, pues además de *Lobo* se rodaron otras tres películas, dos de ellas para el mercado gay.

Yo llegué a Bilbao después de que acabaran éstas y pasé allí quince días, no muy bien por cierto. Concurrieron para ello varios motivos, pero el más importante era que ya no estaba unida sentimentalmente a Ramiro y él, además, o quizá por ello, estaba bastante insoportable conmigo. De hecho, recuerdo esos días como una pesadilla. Mis escenas ya no se las tomaba con el mismo interés que antes, pero sí lo hacía con las demás, aunque él me insistía en que no era así y ello nos llevaba a discusiones sin fin. A pesar de todo, el guión y la película tenían mucho gancho y por ello yo intentaba estar lo más pendiente posible del trabajo que tenía que hacer y llevarme con Ramiro lo mejor posible, por lo menos delante de los demás, por respeto a ellos. Luego, a solas, era otra cosa.

Pese a ello, conservo buenos recuerdos. Me lo pasé muy bien rodando alguna escena como aquella en la que salgo a pasear con mi primo, que después de mucho tiempo fuera había venido a vernos a mis dos hermanas (Terry Summers y la pelirroja) y a mí. Lo interpretaba mi amigo Andrea Moranti y se suponía que yo estaba totalmente enamorada de él, y, claro, acabábamos dándonos un buen revolcón. Andrea es un tipo muy divertido y rodando con él siempre te ríes, algo que en esos días me venía muy bien.

También fue estupendo poder volver a subir a un caballo, en esta ocasión más grande y salvaje que el de *Compulsión*. Era marrón, tan alto que hasta me dio un poco de vértigo cuando lo monté, pero era un momento tan bonito y romántico cuando mi primo y yo nos reencontrábamos después de tanto tiempo y nos abrazábamos con tantas ganas que no podía estropearlo. Después conversábamos y nos poníamos al día tan a gusto.

Hubo otro momento cómico, pero no porque la escena lo demandara, sino porque uno de los actores estaba muy constipado y esto nos llevó a tener que fingir de lo lindo, ya que cada cinco minutos nos teníamos que parar pues el pobre estaba tan débil que se mareaba y perdía por completo la erección. Ramiro, viendo que aquello se eternizaba, no tuvo mejor idea que darle una cápsula de viagra, con lo que al cabo de un rato en lugar de pararse por los mareos se paraba porque tenía que vomitar. Menudo cuadro. A todo esto yo le iba echando unas miradas matadoras a Ramiro, pues no era la primera vez que un chico nos daba problemas y siempre me tocaban a mí. Yo prefería trabajar con Ramón, Andrea, Robbie o Nacho, actores que conocía bien y que aunque caigan truenos funcionan como un reloj. Pero se ve que al no ser ya su pareja había perdido el estatus de trabajar con los mejores, y eso era algo que yo no iba a permitir.

En *Lobo* había otras novedades, y una de ellas era que había bastantes más escenas sin sexo que en las películas anteriores, por lo que cobraba importancia la interpretación, algo que a mí me encanta. Recuerdo especialmente la escena final en la que yo mato al lobo. Fue emocionante, me gustó mucho y eso que hacía un frío de espanto y yo sólo llevaba un vestidito negro de tirantes... También me gustó otra secuencia que viene después de hacer el amor con Andrea, mi primo en la película. Estamos los dos echados de forma muy romántica y yo de pronto me levanto tras oír un ruido y miro hacia atrás y veo que se acerca un animal peludo: ¡el lobo! Asustada busco a mi primo pero ya no está, cojo una de las antorchas y amenazo con ella al lobo. En eso aparecen mis hermanas con unas escopetas y me dan una. Bueno, el final lo tendrás que ver si por fin la película sale algún día a la luz. Y es que hay una persona nefasta de la que no quiero ni hablar que aprovechándose de nuestra amistad y de nuestra candidez empresarial nos estafó a lo grande y nos dejó sin los derechos de la película y, por supuesto, sin los beneficios de ésta.

Otra buena razón para tener recuerdos agridulces.

Pero, en cualquier caso, *Lobo* es una película llena de magia que creo que desprende una madurez que no tenían las películas anteriores. Estaba muy currada, especialmente su guión, con un desenlace de lo más interesante, y supongo que le tendría más cariño si no fuera por ese sujeto timador y si no hubiera coincidido con una racha tan mala entre Ramiro y yo.

6. *The Professianals*
Director: Denis Marti
Actores: Celia Blanco, Stace Silver
Fecha: diciembre de 2004
Lugar de rodaje: caserón de Praga y alrededores de la ciudad

Ésta fue la primera película no dirigida por Ramiro en la que yo trabajé. Era la evidencia del final de nuestra aventura sentimental y profesional que tuvo ese difícil final en *Lobo*. Fue concretamente con un actor y director contratado por *Hustler* al que conocí previamente en el FICEB (Festival Internacional de Cine Erótico de Barcelona).

Habíamos hablado de hacer algo juntos y yo, como ya no estaba con Ramiro, pensé que por qué no. De hecho, me animaba el mismo sentimiento con que empecé en el mundo del X, que era dedicarme sólo a trabajar con los mejores actores y directores.

Sin embargo, Ramiro seguía siendo mi representante, y aunque no hacía su trabajo como a mí me habría gustado, no quería romper todavía todos los vínculos con él y le permitía muchas cosas que quizá no habría debido.

Así que llegamos a un acuerdo con Denis que aceptó nuestras condiciones y nos fuimos juntos a Praga a trabajar en una de las películas de la serie *The Professianals*, conmigo de protagonista.

Estuvimos sólo tres días y la pena es que yo llegué constipadísima y no pude prácticamente salir de la casa en la que estábamos durmiendo, que era también en la que se filmaban las escenas de sexo. El resto de la película se rodaba en exteriores.

Hacía mucho frío porque estábamos en pleno diciembre, así que yo como mucho salía a cenar alguna noche y enseguida corriendo a la cama.

El día que tenía que rodar mis escenas me encontraba algo recuperada pero me sentía todavía muy débil. Para parchear la situación rodamos algunas imágenes mías por un puente de Praga paseando y luego otras tomas de recursos junto a una ventana en la que yo me colocaba unos ligueros y me cepillaba el pelo. También una escena muy corta junto a un hombre negro que no paraba de repetirme el nombre de Denis. Yo representaba la tentación en forma de mujer.

Me encantó la experiencia de rodar fuera de España, de conocer gente nueva, aprender nuevas formas y técnicas de trabajo y, aunque fuera sólo un poquito, descubrir una ciudad tan bonita como Praga. Con las actrices de la película me entendía por señas pero, a pesar de todo, nos llevamos muy bien y nos reímos mucho con los equívocos que se producían por el idioma. Espero volver a Praga, ¡cuando no haga tanto frío!

7. *Toxic*
Director: Narcís Bosch
Actores: Celia Blanco, Katsumi, Nacho Vidal
Fecha: julio de 2004
Lugar de rodaje: Tarrasa (Barcelona)

Ésta fue la primera película que hice en España sin Ramiro y fue a las órdenes de Narcís Bosch, considerado por la mayoría de la crítica como el mejor director de este momento y, desde luego, el más premiado a nivel internacional. Me llamó y me dijo que estaba preparando una superproducción, con la presencia incluso de un *rapero* muy conocido, y que si quería hacer una colaboración con él. «Además trabajarías con Nacho Vidal y Cristina Bella», y le contesté: «Adelante».

Después, como es lógico, pactamos las condiciones de mi participación, entre ellas el uso obligado de preservativo en ellas, mi caché...

Me recogieron en coche una mañana de verano y me llevaron hasta Tarrasa, donde tiene el plató IFG. Allí se estaban rodando entonces dos películas, *Toxic* de Narcís y otra de Max Cortés.

Cuando llegué me encontré un gran ajetreo de gente por todas partes. Me crucé con la directora y amiga Sandra Uve, con algunas actrices conocidas y con los dueños de la productora: Salvador Diago y su hijo Víctor.

Mientras yo me maquillaba el equipo acondicionaba los últimos detalles del set donde íbamos a rodar mi escena. Estaban recreando la consulta de un médico, con muchos objetos de cirugía y aparatos de todo tipo, además de la típica camilla blanca que ocupaba el centro de la habitación.

Vino la chica de vestuario a traerme la ropa que tenía que llevar: un traje de enfermera blanco muy *sexy* que iba de muerte con las medias que yo traía y mis zapatos del mismo color. En el camino al camerino me encontré a Nacho y José Play. Después me dirigí al set de rodaje donde, tras un buen rato de esperar al resto de los actores, filmamos primero las frases introductorias que me habían dado un rato antes. Tenía que sostener en los brazos a un encantador conejo blanco que todo el rato luchaba por escaparse. Nunca había tenido uno en mis manos y creo que el pobre lo notaba.

Después vino la sesión de fotos promocionales. Primero yo sola, tanto en el set de rodaje como en el exterior, luego dentro con Cristina Bella y los simpáticos *raperos* del reparto.

Me hizo mucha gracia cómo hablaban sin parar esos chicos, especialmente el cantante principal, y me encantó comprobar que estaban superemocionados de hacerse fotos con nosotras.

Al cabo de un buen rato ya estábamos los tres juntos: Nacho, Cristina y yo, y todo el mundo preparado para empezar a rodar. La grabación transcurrió estupendamente, pues los tres ya nos conocíamos bien y, aunque con Cristina no había trabajado todavía, creo que la amistad que nos unía suplió esa carencia a la hora de encontrar complicidades.

Todo salió de maravilla de cara a la galería, fue un trabajo bien hecho por parte de los tres aunque, en realidad, creo que ninguno disfrutamos del sexo al cien por cien. Y es que aquella camilla era muy pequeña para tanta gente y no había forma de encontrar una postura cómoda. Pero nosotros, muy profesionales, fuimos cambiando de posiciones sin esperar a que Narcís nos dijera nada, mientras el cámara se iba moviendo a nuestro alrededor sin parar. Hace unos días pude ver la película terminada y debo admitir que Narcís tiene un don especial y difícil de encontrar: sabe hacer cine X con humor. Con sus películas no solamente disfrutas de buen sexo sino que además te ríes un buen rato.

8. *Hotel Lolita* (serie de diez películas)
Director: Ramiro Lapiedra
Actores: Celia Blanco, Claudia Claire, Ángela P., Sharka
Fecha: julio y agosto de 2004
Lugar de rodaje: masía en Capellades (Barcelona)

El ambicioso proyecto *Hotel Lolita* fue rodado durante los meses de julio y agosto de 2004 y son diez películas dirigidas por Ramiro y su hermano Pablo Lapiedra. Ambos se repartían el trabajo aunque Ramiro se ocupaba principalmente de la dirección y Pablo del montaje. Así solía ser también en las anteriores películas que hicimos juntos.

Lo que más me gustó de esta serie pensada para la televisión era la calidad de su imagen. Siempre he creído, y lo sigo creyendo aunque no trabaje con él, que en calidad fotográfica las películas de Ramiro son las mejores.

Yo había pactado en esta ocasión hacer sólo una escena en cada película, interpretando la fantasía erótica del protagonista masculino, Antonio Ross. Así que me puse al día con el plan de rodaje.

El grueso del equipo se quedaba a dormir en la misma masía donde estaba el set. A mí me preguntaron si me apetecía quedarme también pero la verdad es que prefería volver a dormir a mi casa, aunque terminase tarde, sobre todo porque, después de cortar con Ramiro, cuanto menos tiempo estuviera con él mejor, pues siempre acabábamos discutiendo.

Como aquello era un trasiego de actores imparable, procuramos organizar mis escenas dependiendo de con qué actores iba a trabajar para aprovechar cuando estuvieran en el set y que se hicieran todas las escenas conmigo seguidas.

Así no tuve que ir más que unos dos días a la semana para grabar seis escenas con chicos y otras seis con chicas.

La historia, como indica el título, transcurre en el Hotel Lolita y trata de una madre y su hija (Lola y Lolita) que están al cargo de un hotel de lujo situado en pleno campo donde suceden todo tipo de líos y aventuras sexuales. Yo era la fantasía inalcanzable del jardinero, que a lo largo de todas las películas sueña con conocerme y sólo lo consigue en el último capítulo.

Como esta vez sí pude elegir a mis compañeros de rodaje, como siempre lo había hecho antes hasta la mala experiencia de *Lobo*, no hubo ningún imprevisto, aunque esto es casi un imposible en el mundo del cine, en el que siempre pasan cosas inesperadas. Nunca se sabe de dónde puede surgir cualquier tipo de problema.

De las chicas hubo una que me gustó especialmente. Era Ángel Dark, una actriz de lo más tranquila y sumisa que resultaba ideal para la escena que hicimos. Creo que dábamos un bello contraste: ella de melena morena y muy bronceada y yo rubia y muy blanca de piel.

Ella salía desnuda en un lado de la piscina y yo enfrente, toda vestida de negro con falda, corsé y guantes de látex. En un principio ella era la sumisa y yo la *dómina*, pero llega un momento en el que estamos entrelazadas dándonos placer por igual.

Entre el material que hice con los chicos recuerdo con especial agrado una escena con Antonio Ross y Andrea Moranti. Al conocernos mucho y haber bastante confianza entre los tres, Andrea aprovechaba para liarse unos canutos y hablar sin parar contando todo tipo de tonterías. Así que entre postura y postura nos partíamos de risa de las batallitas que contaba. No sé cómo se puede estar todo el día fumando porros y mantenerse tan despierto e incluso aguantar tranquilamente empalmado durante horas. Es más, según él, el hachís lo ayudaba a estar mucho más excitado.

En esa escena además teníamos al productor-distribuidor de *Hotel Lolita* que vino a ver cómo transcurría todo. A mí, en general, no me agrada especialmente que haya espectadores pero él resultó ser una persona encantadora y no me molestó en ningún momento su presencia.

Este rodaje transcurrió con más calma que el de *Lobo* en el que Ramiro y yo no parábamos de discutir por cualquier cosa. También ayudó que Ramiro se llevó allí a la chica con la que estaba enrollado, y eso lo mantenía más ocupado.

Hubo una actriz, Sharka, que se quedó prácticamente durante todo el rodaje porque también aparecía en todas las películas. Era una chica muy guapa que parecía una niña que no ha roto un plato, pero en cuanto le ponían una cámara delante se convertía en una auténtica leona. En sus ratos libres se dedicaba a tomar el sol, a leer alguna revista o a dormir en la hierba del jardín pero lo gracioso es que iba desnuda a todas horas y por toda la casa y con ello traía locos a los jardineros y a todo el personal. Lo más fuerte era que en un rato libre a lo mejor se echaba al borde de la piscina como dios la trajo al mundo y se masturbaba tan tranquila como si estuviera sola.

Yo me partía de risa de ver a los pobres que no estaban acostumbrados a esa naturalidad de Sharka que se acariciaba en público sin que estuviera en ningún guión.

En general hubo una planificación y una organización muy adecuadas en esos dos meses lo que, añadido al buen tiempo y a lo bello del paraje donde rodábamos, convirtió aquellos días en una especie de vacaciones pagadas y en una experiencia muy agradable.

Sesiones de foto con Private

El gran imperio internacional de porno que es *Private*, el único del mundo que cotiza en bolsa, cuenta, además de con la producción de cientos de películas al año, con varias publicaciones X, entre las que destacan especialmente cuatro que están a la venta en España: *Private*, *Sex*, *Pirate* y *Triple X*. Todas ofrecen básicamente sesiones de fotos de sexo explícito protagonizadas por actores y actrices que trabajan para ellos en sus películas o por nuevos valores que van fichando por todo el mundo.

Mi primera sesión para *Private* la hice cuando acababa de rodar *La mujer pantera*, con un fotógrafo llamado José, también conocido como Jalif. Ramiro y yo quedamos con él un día en una cafetería en la rambla de Cataluña y nos trajo unas revistas para que viéramos cómo era lo que hacía. Estuvimos hablando de cómo funcionaba el tema y quedamos en llamarnos más adelante. Ramiro y yo pensamos entonces en la posibilidad de hacer la sesión juntos y que él también participara como modelo.

Las revistas me gustaron, eran fuertes en cuanto a contenido sexual pero la calidad de todo lo publicado estaba muy cuidada, como en las películas de Ramiro. Y la relación entre el tiempo de trabajo y lo que se cobraba era muy buena, así que aceptamos e hice mi primera sesión de fotos para la revista *Pirate*.

Para esta ocasión la localización fue en un local llamado Eagle, un *pub* gay de tipos duros con cuero y bigotes, donde normalmente no pueden entrar chicas. Quedamos a las once de la mañana en una cafetería cercana al local y cuando llegamos ya nos esperaban allí Jalif, su ayudante, la maquilladora y los dueños del local.

El estilismo que me pusieron era tipo *heavy metal*:

pelo cardado, medias rotas, botas militares negras, cinturón de pinchos... A mí no me disgustaba aunque habría preferido algo más sutil: tacones de aguja y cosas así. Conmigo estaba Ramiro, que al final se decidió, entre otras cosas por ganar más dinero. El otro actor era Robbie Blake.

Para ser mi primera experiencia creo que estuvo muy bien; de hecho, Jalif no paró de decirme que lo estaba haciendo estupendamente. El tener que mantener la misma postura durante mucho rato puede llegar a ser bastante agotador pero a mí me encantó la experiencia. El que lo pasó fatal fue Ramiro, que definitivamente descubrió que lo suyo no era ser modelo. Estuvo agobiado durante toda la sesión y no consiguió mantener la erección requerida, aunque para estos casos se utilizan luego algunos truquillos que en la foto final sólo notan los profesionales, como el uso del *Photoshop* para «compensar» si el chico no estaba del todo empalmado. Algunos fotógrafos de *Interviú* han convertido en superdotados a algunos personajes de los que sus novias decían que no era para tanto, y algunas chicas parecen más bien muñecas de plástico que mujeres reales después de sufrir algunos de esos retoques excesivos.

Poco tiempo después me llamaron de nuevo para hacer otra sesión, esta vez para la revista *Sex*. El lugar era el mismo, pero cambiaron de estilismo: esta vez yo iba con *look* del Oeste y mis compañeros, que eran Ramón Nomar y Robbie Blake, también. Ese día trabajé por primera vez con Ramón. Además había otros tres chicos que trabajaban en el Eagle que hicieron un pequeño papel en el que simulaban ser vaqueros que querían bronca con mis dos compañeros. Las fotos quedaron muy convincentes y los gays, ¡de lo más machitos!

51. Con Nacho Vidal en México.

52. Festival de Bruselas: con Angel Dark, Víctor, Narcís y Max.

53. Festival de Bruselas: con Marco Salieri.

54. Reportera de MTV.

55. En *TNT* con Vampirella.

56. En *TNT*.

57. En *TNT*.

58. Estudiando guiones para TV.

59. En *Arucitys* con Fayna.

60. En *Crónicas marcianas* con Valerie Tasso.

61. En *Crónicas marcianas* con Bea (Carlos Latre).

62. En *Crónicas marcianas* con Javier Sardá.

63. En *Otro rollo* (México) con David Bisbal.

64. *La mujer pantera*.

65. *Delirio y sangre*.

66. *Compulsión*.

67. *Las lágrimas de Eros.*

68. *La orina y el relámpago.*

69. *Hotel Lolita.*

70. *Fascículos.*

71. *Fascículos.*

72. *Fascículos.*

73. Sesión de Javier Pardo.

74. Sesión de Javier Pardo.

Después volví a hacer sesión para *Pirate*, en esta ocasión en un coche de *tunning*. Yo iba con un mono de cuero largo tipo motera y debajo llevaba una malla completa de red ancha negra que deja entrever el cuerpo sin estar desnuda del todo. Ese día llevaba también una peluca roja larga y lisa que me recordó una época anterior en la que yo llevaba siempre el pelo rojo. Mis compañeros fueron Ramón Nomar de nuevo y Edy, un brasileño encantador recién llegado a España en esa época y hoy un gran amigo también.

La preparación, como en los rodajes de películas, es larga, a veces dura hasta tres horas, pero vale la pena. Yo me relajo mucho, me gusta que me maquillen, que me peinen. A veces me relajo demasiado y me da sueño.

Me gustaba mucho también trabajar con Ramón en estas sesiones. Como hombre y como compañero es estupendo, y creo que hacemos muy buena pareja en fotos, y el resultado fue tan bueno que nos sacaron en portada.

He perdido la cuenta de las sesiones de este tipo que he hecho, pero aun así recuerdo algunas con cariño y placer. Como la que hice para un especial coches en el que mis compañeros eran Silvia Lancome y Andrea Moranti que en esos momentos eran pareja. Nos fuimos a hacer las fotos de exterior en una zona industrial en la que las paredes estaban llenas de grafitos y no muy lejos de la playa.

Ese día Silvia y yo llevábamos unos minibiquinis muy *sexys*; ella iba de verde y yo de rosita, y lucíamos estupendas en un descapotable azul cielo. Hubo un momento un poco embarazoso en el que unos chicos se pararon a diez metros a mirarnos como si aquello fuera un cine al aire libre y tuvieron que ir a decirles que estábamos trabajando; afortunadamente no tardaron mucho en irse pues ese día llevábamos mucho retraso. Ésa también fue portada: Silvia y yo abrazadas delante de aquel coqueto convertible.

Entre los recuerdos menos agradables o algo estresantes está una sesión que hice para *Sex*. Se trataba de un lésbico y mi compañera era Claudia Claire, con la que ya había trabajado en mis primeras películas y con la que me veía en muchos rodajes de Ramiro.

Íbamos las dos de marineritas y el fotógrafo era Ricard Profitós, el mismo que me hizo las fotos de mi primera portada en *Primera Línea*.

Resultó que ese día Claudia tenía la menstruación y estaba más sensible que de costumbre. Cuando estábamos ya en plena sesión empezó a pasar de las indicaciones del fotógrafo, y cuando éste la reprendió se levantó y se puso a gritar como una loca. Se montó tanto jaleo que acabaron riñéndome a mí también y me puse superfuriosa.

Al final, volvimos resentidas a la postura que teníamos encima de unos cubos blancos en los que estábamos posando. Cuando ya estábamos en la posición nos miramos fijamente y nos pusimos a reír y nos pedimos disculpas.

10

De promoción

Introducirse en el enigmático mundo del cine X no es algo sencillo a priori, pero tampoco resulta imposible para alguien que sepa moverse. Como en la mayoría de los trabajos todo resulta más fácil si conoces a alguien que te abra las puertas. Es una ley de vida que he comprobado desde los años en los que estudiaba y veía a los que aprobaban por enchufe o buscando trabajo y dándome cuenta de cómo mientras unas rellenábamos currículos otras pasaban por delante sin rellenar nada. Así una y otra vez. De hecho, todos los trabajos que he tenido me llegaron por medio de algún amigo o conocido.

La industria del cine X no es distinta en ese aspecto de la de la música, la pintura o la moda. Con buenos contactos todo va más rápido.

El dinero tiene mucho poder y, aunque hay casos de gente que sale adelante por su talento y consigue el apoyo que necesita cualquier artista, lo cierto es que el factor suerte suele ser clave. Y, por supuesto, el esfuerzo. Pero no todos los que tienen un don consiguen ser reconocidos y vivir de lo que realmente les gusta. Sólo unos pocos privilegiados. Aun así creo que la ilusión es lo último que hay que perder. Hay gente que con casi nada es feliz porque tiene bellas motivaciones como su familia, sus amigos, o quizás una buena cena, una película, un viaje o simplemente disfrutar de un trozo de chocolate. No comprendo a esas personas que se quejan de todo por quejarse.

Cuando Ramiro y yo nos lanzamos a hacer *La mujer pantera* lo hicimos con toda la ilusión del mundo, pero teníamos muy claro que para conseguir triunfar y dar que hablar, además de hacer buenas películas, teníamos que saber «venderlas» en los medios: salir en las revistas, en las teles y radios... El año 2002 fue mi gran momento en ese terreno. Tuve muchas satisfacciones, aunque no fue fácil llegar allí. Luego, todo resultó mejor de lo que me había imaginado.

Al asalto de la televisión

Desde que comencé en este mundillo he ido compaginando muchos medios de comunicación para promocionar mis películas, pero hay que admitir que la televisión, aunque sólo sea por una cuestión de audiencias, es lo que mejor funciona. Y, al final, de tanto pisar platós ha resultado que me han pedido que hiciera más cosas para ellos y he acabado colaborando como tertuliana o entrevistadora en algunos de ellos. Y debo reconocer que es algo que me encanta.

En estos últimos cuatro años he sido entrevistada en un gran número de programas y por ello he tenido la ocasión de conocer a casi todos los mejores profesionales de cada sector.

Uno de los primeros en llamarme fue el equipo de *Es-*

pejo Público, un programa que a mí me encantaba por su formato ágil con distintos reportajes, casi siempre muy entretenidos. En esa ocasión me acompañó Ramiro y nos grabaron haciendo diferentes cosas de nuestro día a día para luego mezclarlo con la entrevista que nos hicieron a los dos.

Otro de mis primeros programas fue *Las mañanas de Alicia* en Telemadrid. Aquí, además de ser entrevistada, participé en un debate sobre si el sexo se puede practicar sin amor. Yo estaba entre los que decían que sí, claro. Este programa lo viví de manera muy especial pues me trataron muy bien y respetaron totalmente lo que yo quería que saliera. Alicia Senovilla me pareció además de una buena profesional un encanto de persona. Era agradable, simpática y nada falsa, pues en televisión abundan mucho las sonrisas cosméticas. Más adelante me invitaron en este mismo programa a otro debate entre personas celosas y no celosas. Yo intervine con las que no lo son.

El único problema que tenía cuando acudía a este programa era que la media de edad del público era muy alta y las «abuelas» se escandalizaban con algunas de mis declaraciones.

También estuve invitada en otro magacín muy parecido que se llamaba *Las mañanas de Silvia*, en el que la presentadora te hacía las típicas preguntas tontas de cómo comenzaste, a qué edad, qué tal lo llevabas... Allí no estuve nada a gusto, básicamente por la simpleza de la entrevista.

Cuando salió la portada de *Playboy* me llamaron de *Tómbola*. Era aún la época de gran audiencia y Ramiro y yo nos fuimos con grandes expectativas a Valencia, al Canal 9, para participar en él. Ésta fue, sin embargo, una de mis peores experiencias. Lo pasé bastante mal porque eran más de cuatro horas de programa y encima hacía un frío terrible en el estudio. Además, nada más empezar ya tenía a Mariñas haciéndome preguntas absurdas. Yo intentaba ignorarlo, pero llegó un momento en el que además tanto Jimmy Giménez Arnau como Lydia Lozano y Karmele Marchante me preguntaban cosas a la vez sin dejar que terminase de contestar. Yo no estaba acostumbrada a este tipo de debates salvajes y hubo un momento en el que me quedé bloqueada y salí del paso como pude. Luego, fuera de cámara, todos me parecieron más amables que en directo, salvo Mariñas que es igual con y sin cámara. Para empeorar el asunto tenía a Ramiro, que en los descansos me indicaba algunas cosas que tenía que decir y que no iban conmigo sino con él. Al final la que salió mal parada fui yo. Menos mal que pagaban bien. De las teles, además de lo bien que te viene que te paguen y te cubran todos los gastos, siempre me ha encantado el ambiente de los platós: las cámaras, el público, todo el circo... Es como en las sesiones de fotos o en un rodaje, me apasiona ir viendo cómo se desarrolla todo, las distintas fases desde que se están preparando hasta que se terminan.

Actualmente me lo pensaría bastante antes de ir de nuevo a *Tómbola*, aunque tengo entendido que dejó de emitirse hace poco.

De Ana Rosa a Emma García

En mis comienzos también estuve en casi todos los programas de tarde. Conocí a Ana Rosa Quintana, cuando aún estaba en Antena 3. Me pareció una mujer con mucho estilo, buena persona, además de estupenda en lo suyo y me hizo sentirme muy a gusto cuando me entrevistó.

Me saludó antes en la sala de maquillaje donde sueles encontrarte con los otros invitados y se cruzan más cotilleos, y allí estuvimos hablando un buen rato de un montón de cosas de la vida.

También me llamaron de *A tu lado*, el magacín de Tele 5 presentado por Emma García. Aquí la entrevista fue poco original. Me repitieron las mismas preguntas que siempre me hacen y lo único interesante de la experiencia fue que coincidí con bastante gente conocida como Estíbaliz Sanz, Tamara...

Me llamó mucho la atención cómo están acostumbradas a vender sus intimidades tranquilamente, como si hablaran del tiempo. Tamara me contó que se había operado, que le había salido mal. Me lo explicó todo con pelos y señales y me puso los pelos de punta. Ella ya tenía antes lo pechos bonitos y no se le ocurrió otra cosa que arriesgarse a estropeárselos. Al margen de su pequeña tragedia me pareció una chica maja, con un saber estar que me sorprendió.

Y llegó, por supuesto, la hora de ir a *Crónicas marcianas*, el programa más polémico, pero el que nadie se pierde. En esa primera visita fue todo muy poco natural, pues me pidieron que hiciera un *striptease*, algo que no me gusta demasiado hacer sin motivo, para animar a ¡la selección española de fútbol en el Mundial! Todo muy cateto. Me llamó mucho la atención que me pidieran algo así. Recuerdo que al principio no quería ir: ni era mi estilo ni había practicado, pues me avisaron con sólo dos días de antelación. Ramiro me insistió en que era una buena oportunidad que no podíamos desperdiciar y, como ya debes de empezar a saber, Ramiro podía ser muy convincente. Así que acepté ir y cuando llegué aquella noche al estudio de Esplugues me encantó el ambiente que se respiraba allí.

Nada más entrar me dijeron dónde estaba mi camerino, dejé allí las cosas y me fui al plató con los del equipo. Allí me encontré a Javier Sardá, que me saludó muy correcto y simpático a la vez. Luego conocí a Boris, una persona que me encanta sobre todo por su manera de ser. Sabe comportarse en cada momento como debe, y además me parece un hombre muy *sexy*.

Preparé más o menos el número como iba a ser, que resultó más una animación que un baile, aunque la ropa poco a poco sí que fue cayendo.

Mariano Mariano imitaba a Camacho sentado entre el público y sudaba a lo bestia, como el famoso entrenador. Al principio pasé bastantes nervios por cómo iba a salir todo, pero cuando terminé me quedé satisfecha del resultado y me prometí que si algún día volvía a hacer un *striptease* lo prepararía mucho mejor. Ese día en *Crónicas* viví un buen ambiente, sólo tuve un pequeño roce con una del equipo, que iba de simpática pero en realidad parecía que te estaba perdonando la vida.

Tengo también muy buenos recuerdos de mi paso por *Ésta es mi gente*, el *show* que presentaba Jesús Vázquez en Telemadrid. Hacían un debate sobre si estábamos contentos o no con nuestro cuerpo y lo pasé genial. Jesús me pareció un encanto como hombre y como presentador. Me introdujo al público con acierto y simpatía mientras se iban viendo imágenes de mi primera portada en *Primera Línea*, y de un reportaje mío en *El País dominical*, y otras fotos. Había personajes muy surrealistas en el debate, como un tipo que estaba a mi lado que decía que le encantaba su barriga cervecera, y las llamadas que entraban también eran muy divertidas.

En otros programas, como *Vitamina N*, el *late show* de City TV de Barcelona que presentaba Jordi González, me convertí casi en una habitual. Fui cuatro veces en muy poco tiempo. La primera me hicieron una entrevista en la que me iban haciendo preguntas todos los que estaban en la mesa. Se me hizo muy corta. Este programa era uno de los pocos que veía cuando ponía la tele, me parecía divertido, actual, con todo tipo de secciones interesantes y presentadores y colaboradores atractivos como Marta Torné, Soledad, Juani del Bagdad, mi amiga Valerie Tasso; en definitiva, un buen programa de entretenimiento.

La segunda vez me invitaron junto a Ramiro: él como director y yo como actriz. Me acuerdo que el pobre lo pasó fatal, estaba tan nervioso que casi no habló y cuando lo hizo lo hizo fatal.

Otra vez me llamó Torito, uno de los presentadores que estaba simulando una casa tipo «gran hermano» en la terraza de City TV, que daba a la calle Diagonal. Allí pusieron un sofá, una cama y una mesita como si fuese una casa de verdad y nos invitaron a Nacho Vidal, a Belladona, que por aquel entonces era su novia, y a mí para estar allí con él los tres un rato conversando y haciendo chistes. Acabamos tirándonos en la cama y fingiendo que nos montábamos un trío y se armó un escándalo con la gente que pasaba por la calle y se quedaba boquiabierta con lo que veía detrás de las cristaleras. Ese contacto con la gente tan estrecho hacía que *Vitamina N* fuera muy especial. Luego, cuando se lo llevaron a un estudio cerrado, el programa perdió mucho tirón.

También disfruté mucho cuando me invitaron a *Todo Madrid* presentado por Juan Ramón Lucas en Telemadrid.

Ese día estaban también invitadas para hablar de cine X

Sandra Uve, directora, María Bianco, actriz y productora, y Miguel Ángel Barroso, escritor y especialista en porno. Nos iban presentando uno a uno e iban intercalando vídeos informativos de la industria del género X en los que salían declaraciones de productores y directores.

Hacía bastante que no coincidía con María y por lo que pude ver no le hacía mucha gracia que estuviera allí. No entendí su frialdad, pues nuestra amistad se rompió hace tiempo por unos malentendidos, pero yo nunca le he guardado rencor. Me encantó conocer en persona a Lucas, que me gusta mucho como profesional y como hombre me resulta muy *sexy*. Más adelante nos volvimos a ver fuera de los platós y casi saltaron chispas. Parece que yo también le gustaba algo, pero, al final, no pasó nada por los pelos, pues no quise serle infiel a mi pareja.

También me encantó la entrevista que me hizo en *Noche sin tregua* (Paramount Comedy), en Madrid, Dani Mateo. Me gustó el formato tan vivo del programa y el tipo de humor inteligente y original que utilizan. Durante toda la entrevista estuvimos muy compenetrados y eso se notaba. El público no paraba de reír. Cuando terminamos la entrevista grabamos unas tomas de recursos que luego pondrían para anunciar la entrevista. Consistían en un recorrido desde mis pies hasta mi rostro en el que anunciaba el programa y al final enfocaban a Dani que estaba a mi lado.

Resultó que tuvo tanto éxito que salió en numerosas ocasiones en los programas de zapeo.

También la cadena MTV me encargó cubrir el Salón del Cómic de Madrid al que estaba invitada al *stand* de Carlos Díez, un ilustrador que me había dibujado en plan *sexy pin-up* en una de sus obras.

Mi reportaje consistía en ir preguntando a la gente

sobre el cómic erótico; le cogí gusto a la «alcachofa» preguntando a muchas personas sobre algunos autores y dibujantes presentes allí. Estaba emocionada, pues era la primera vez que cubría un evento y lo hacía para MTV, una cadena que me gusta mucho. Hicieron con mi trabajo un montaje precioso en el que mezclaban mis imágenes con viñetas de cómic. Gracias a este programa me salió un *casting* para una serie de ficción en Madrid al que no pude asistir por trabajo. Una lástima. Es lo bueno de los programas de TV, que a menudo te dan la posibilidad de que te vean y te salgan nuevos trabajos o proyectos.

Guardo igualmente mucho cariño al programa *Toni Rovira y tú* de Canal 25. Desde que me invitó hasta que pude asistir pasó mucho tiempo en el que no pude acercarme por cuestiones de trabajo y también porque me pilló justo en la ruptura con Ramiro. Cuando por fin fui, disfruté mucho. Es un programa muy peculiar en el que el plató es muy familiar y el ambiente te transmite mucha tranquilidad. Me encantó ese ramo de flores que me regaló Toni al comenzar el programa, su entrevista tan relajada, por supuesto, y el final, también detallista, con pasteles y cava para brindar. Toni es un personaje encantador. Por no hablar de la vidente que lo acompaña con un muñequito en el que tiene un montón de pequeños artilugios colgados. Te dice que pienses un deseo y a continuación enciende un cigarro y se lo pone al muñeco para más tarde comprobar si se cumple o no. He ido a este programa en varias ocasiones y espero seguir yendo muchas más.

Por Valencia y en Marte

Volví a coincidir con Lucas en *La naranja metálica*, en Canal 9 de Valencia. Allí comencé a colaborar junto a Sonsoles Fuentes, la escritora de una sección del programa llamada «La sexción» en la que se unía a nosotros el invitado de la entrevista de ese día y comentábamos noticias peculiares relacionadas con el sexo. Estuve colaborando durante unos meses, una vez por semana.

Tuve la oportunidad además de conocer mejor a Lucas y a otra gente interesante como Las Virtudes, dos chicas rabiosamente simpáticas y con una labia infernal, o Juan Luis de Gomaespuma, un personaje también con mucho sentido del humor. También vino un día Sofía Mazagatos que me pareció bastante estirada y reacia a estar en nuestra sección. De hecho, durante los anuncios se marchó, cosa que ningún invitado había hecho nunca. Pasamos momentos estupendos en ese programa y para mí fue un gran aprendizaje. Tuve la oportunidad de conocer muy bien a Sonsoles Fuentes, la autora junto a Laura Carrión de un libro que me encanta, *Dímelo al oído*, en el que mujeres de todo tipo hablan de sus fantasías más ocultas. En él se puede comprobar que las mujeres tenemos fantasías sexuales, al contrario de lo que creen algunos hombres. Nosotras también necesitamos aventura y novedad. No nos conformamos con una pareja aburrida, ahora nosotras exigimos mucho.

En Valencia también rodaban el *Efecto palomar* (Canal 9). Me sentí en él muy bien atendida, cosa que a veces no sucede en algunas cadenas más poderosas, que tienen a más gente de producción y sin embargo son más caóticos.

Me gustó la idea de montar una terraza de verano en el plató y Ramón, el presentador, me halagaba tanto que me sacaba los colores. A nadie le amarga un dulce. En un momento de la entrevista entró un colaborador disfrazado de chica pidiéndome que le enseñase algún truco sexual y nos levantamos «las» dos para dirigirnos a un sofá. Luego sacamos a un chico del público que pensó que era su día de gloria, pero de pronto apareció dando un brinco un jorobado y le chafó todo el plan. El final del programa fue increíble. Empezó a aparecer toda la gente del equipo para hacerse fotos conmigo, luego vinieron también algunos del público y tuve que salir casi corriendo.

Otro programa local del que tengo buen recuerdo es *Cool*, un magacín dirigido a la gente joven, sobre la noche, tendencias, etc. Se emite en Flaix TV, en Cataluña, y es muy dinámico e innovador. Fui entrevistada junto a Bibian Noray, directora X, y también actriz como yo, a la que no veía desde hacía tiempo y la encontré muy bien y muy centrada en su trabajo.

La entrevista me gustó porque dábamos dos puntos de vista totalmente diferentes sobre todas las opciones y satisfacciones que da el cine X.

Yo sé de buena fuente que Bibian no me puede ver, cuando coincidimos se lo noto en la cara, en sus expresiones. Estas cosas se notan, pero, bueno, yo seguiré disimulando cuando la vea, como siempre.

Tuve una noche muy movida en *UHF* de Antena 3, con Nuria Roca, Florentino Fernández, Miki Nadal, Arturo Valls y Eva González como presentadores. Primero grabé con ellos un piloto antes de que comenzaran a emitirlo en televisión y luego fui invitada al programa cuando ya llevaban unas semanas en antena. El ambiente que se vivía era muy cómico: me encontraba a Florentino ensayando mientras se maquillaba, las de producción explicando cómo iba a ser..., y así todo, muy loco. Estaban los Estopa de invitados conmigo, pero al principio no me podían ver porque yo era la sorpresa. Por ello, cuando me estaba maquillando me cogieron de pronto y me llevaron corriendo a esconderme en otro camerino para que no me cruzara con ellos. Era pura locura. Con Estopa ya he coincidido en varias ocasiones, incluso en el aeropuerto. Son chicos muy majos, aunque a mí su música no me gusta especialmente. Y creo que soy de las pocas, pues todo el mundo los adora.

Al acabar, nos fuimos todos menos Nuria a tomar algo. Yo estuve hablando con Eva, que me pareció muy simpática pero poco sincera, y sobre todo con Miki, que me hace reír mucho, y con Ibón, que ese día estaba muy lanzado.

Bebimos vino y bailamos hasta rumbas y de ahí nos fuimos al Buda para acabar la noche.

A *TNT* de Tele 5, también presentado por Jordi González, fui en cuatro ocasiones a distintos debates sobre sexo, prostitución... El primer día intervine mucho, en los otros tuve menos tiempo para soltarme. También resulta complicado hablar en un debate como ése cuando no quieres mezclarte en los jaleos del corazón o no te apetece criticar a gente famosa que sabes que practica la prostitución, que es algo que tú no ves mal.

Es lo contrario de lo que hacen personas como Sonia Arenas, a quien le da igual hablar mal de quien sea con tal de ser noticia. Hasta en el set de maquillaje no paraba de hablar. Lo mejor de *TNT* para mí fue estar con mi querida Vampirella, una gran mujer y periodista, y conocer a algunos de los personajes que iban pasando por allí.

Ahora estoy encantada acudiendo todas las semanas a *Arucitys* de City TV. Es uno de los mejores programas que hay actualmente en TV. Y la pena es que se emita sólo en Barcelona, si no, seguro que habría mucha más gente enganchada a él. Cuando me invitaron la primera vez para hacerme una entrevista, fui de lo más contenta y a pesar de que es algo que no hago casi nunca me pasé el rato haciéndoles la pelota a Arús y a Angie, su mujer. Les decía que su programa era muy bueno, que ellos eran encantadores, y que me alegraba mucho de estar ahí. Estaba como drogada. Esa entrevista fue mejor que buena, fue excepcional. Ellos también debieron de pensarlo porque me llamaron a la semana siguiente para participar en el debate semanal de lucha entre hombres y mujeres que llaman «Los que se pelean se desean». Y, desde entonces, voy todas las semanas de tertuliana con el padre Apeles, etc.

Hace poco, a raíz de la portada que hice para *Interviú*, me llamaron para salir en *Dónde estás corazón*. La entrevista estuvo muy acorde con lo que a mí me gusta y los colaboradores me trataron con un respeto inusitado, casi parecían algo cortados de tocar algunos temas. Aunque intentaron, por supuesto, llevar la cosa a su terreno y sonsacarme información de Nacho Vidal y su relación con Miguel Bosé. Supongo que es normal, ellos son muy morbosos. Pero no consiguieron hacerme entrar en su juego.

También me grabaron junto a Max Cortés en Barcelona para el programa de TVE 1 *Dos rombos*, de Lorena Berdún. Nos hicieron varias preguntas en torno a los falsos mitos eróticos. De este tipo de colaboraciones he tenido unas cuantas y me agradan, pero a veces llega un momento en el que te agotas de responder siempre a las mismas preguntas.

Últimamente, aparte de colaborar con Arús cada martes, he empezado también como tertuliana en *Crónicas marcianas* en la mesa de sexo de los miércoles donde estoy con Valerie Tasso, el doctor Romeu, Daniela, Boris y Sardá, claro.

Lo que más me gusta de *Crónicas* es el ambiente tremendo que se respira detrás de las cámaras, donde ves que realmente hay gente que no se lleva tan mal como lo hacen parecer sus personajes y otros que, al contrario, realmente se odian pero lo disimulan de cara al espectador.

Pasión por las revistas

No hay nada que me guste más que ojear revistas sin parar, especialmente los reportajes de moda y los retratos de artistas. Es casi un vicio, además de una buena manera de estar al tanto de todo lo que pasa. Como tengo muchos amigos periodistas, siempre les pido que me consigan algunos títulos, pues si me comprara todos los que me gustan no sé si llegaría a fin de mes.

También busco fotos en libros y en Internet. Disfruto mucho viendo fotos de moda y publicitarias. Campañas de marcas importantes de ropa, de perfumes, desnudos de modelos y artistas y, claro, me encanta ver fotos mías. El mundo de la fotografía me fascina. El estilismo, el maquillaje, el ajetreo de preparación para hacer la foto, de posar... Me motiva, me transforma, es como el cine pero plasmado en instantes fugaces y no por eso menos intensos.

Desde el comienzo de mi carrera, desde mi primera película he compaginado el cine con las sesiones de fotos, y cuantas más hago más me gustan.

He salido en muchas revistas y diarios como *Playboy*, *Primera Línea*, *Man*, *MTV Magazine*, *AB*, *Interviú*, *Don Balón*, *Cartelera Turia-6*, *FHM*, *El Periódico de Cata-*

lunya, *El País dominical*, *El Cinéfilo*, *Hot Video*, *Private*, *Pirate*, *Sex*, *Triple X*, *Tatoo*, etc.

De algunas tengo muy buenos recuerdos, como de *Primera Línea*, donde apareció mi primera portada. Luego he colaborado con ellos en fiestas, eventos, teles y en un consultorio que tuve durante meses. Guardo mucho cariño a Guillermo Hernaiz, Mireya de Sagarra, Sandra Riera, Àngels Cartagena, Javier Pardo, Vanessa Olmos, Óscar del Pozo..., todo un gran equipo para una gran revista.

Para *Interviú* hice dos sesiones. Una que no llegó a salir en portada como habíamos pactado y que sacaron en su interior y una segunda, más reciente, en la que todo salió como estaba previsto y sí fue portada. En esa ocasión las fotos las hice con mi querida y magnífica amiga Antonia Peña y las dos quedamos contentas.

Con *FHM* tengo una relación muy buena y estoy colaborando con ellos desde el primer número, cuando dejé el consultorio de *Primera Línea*. Me cuentan que me llegan cientos de cartas cada mes y que incluso pasa gente por la redacción para intentar conocerme en persona.

En general siempre me he sentido bien tratada por la gente de estos medios si exceptuamos aquel incidente con *Interviú* y otro que tuve con la gente de *AB*, una revista gratuita de tendencias que me gustaba mucho por su formato y contenido pero en la que descubrí que no tratan muy bien a la gente, además de no pagarles.

Por mi profesión y este vicio que tengo adquirido y confeso con las fotos, he trabajado con muchos profesionales y he compartido muy buenos momentos con algunos de ellos. Por ejemplo con mi querido Joan Crisol, un gran amigo y un gran fotógrafo con el que he pasado muy buenos momentos trabajando o de fiesta y planeando proyectos como una de mis portadas que más me gustan, la última que hicimos para *Primera Línea* con fotos suyas. Las hicimos en Madrid con la increíble ropa de la Madrina y en su propia casa, que parece un palacio. A este genial diseñador me lo presentó Joan y tengo que decir que soy fan de su ropa, corsés increíbles, vestidos barrocos, faldas de vuelo... Se atreve con todo y cada modelo es más maravilloso que el anterior.

También está Jalif, con el que he trabajado mucho para revistas de sexo como *Pirate*, *Sex*, etc., y fue de los primeros fotógrafos que conocí. Con él los resultados siempre han sido buenos. También ha trabajado en nuestras películas de foto fija; ahora se ha lanzado a dirigir y lo cierto es que se le da muy bien.

A Antonia Peña la conocí a través de Pablo, un buen amigo de Madrid, y desde entonces hemos estado en contacto. Fue un flechazo y el resultado de la sesión para *Interviú* fue perfecto. Una portada preciosa.

Hasta el día de hoy he disfrutado mucho con cada trabajo, ¡y he conocido además buenos fotógrafos que en algunos casos son ya buenos amigos!

También he colaborado con Álvaro Villarubia, Ricardo Profitós, Javier Pardo, John Stewart, Toni Aliaga, Paco y Manolo, García Poveda, Toni Palés, Armando Catarinichi, Pablo Lapiedra, Parolio, Galilea, Luis del Amo, etc.

Radios

Siempre digo que prefiero la radio a la televisión. Puedo parecer una mujer antigua quizá pero es que la radio me transmite tranquilidad y me reconforta, algo que la televisión raramente consigue.

He ido a varias emisoras de radio para ser entrevistada y en otras ocasiones para participar en tertulias, y de todas ellas guardo buenos recuerdos. Si tuviera que mencionar una sola destacaría la que organizaron en Cataluña Plural con Silvia Cóppulo, Marta Arasanz, el psicólogo Ripol y el actor de cine X Toni Hierro. Fue un debate de lo más animado sobre la pareja, sus costumbres en cuanto al sexo, etc.

He estado también en otras radios como en Flaixback, Com Radio, Radio Barcelona, Flaix FM y *El Larguero* (Cadena Ser), del que tengo muy buen recuerdo, pues la entrevista tuvo tanta repercusión que mi página web de entonces se saturó de tantas entradas que recibió esa noche.

Eventos

En estos últimos años de profesión he sido invitada a multitud de fiestas y eventos de todo tipo. A algunos de ellos fui a dejarme ver un poco, a divertirme o a hacer promoción de mis películas. En otros estuve para cubrirlos para distintos medios como la MTV o *Primera Línea*, entrevistando a gente o mandando mis crónicas y mis fotos. Yo puedo tener mucho peligro con la cámara de mi móvil.

Por supuesto, no he faltado a las últimas cinco ediciones del FICEB donde he pasado de no tener *stand*, como la primera vez, a ver carteles míos por todas partes. También me he hecho muy aficionada a los festivales de cómics como el Salón del Cómic de Madrid, el de Barcelona, Granada o Alicante.

Recuerdo con cariño algunas fiestas de presentación

de películas, como *Frágil* de mi buen amigo Bajo Ulloa o de Agustín Villaronga, ese hombre tan especial como persona como atormentado en sus trabajos. También las glamurosas fiestas Hedonism de Nico en Barcelona. En los Premios de la Cartelera Turia siempre me lo paso de muerte, especialmente en la última edición, en la que conocí a las imparables Dirty Princess y montamos un buen tomate. Era mi tercera visita y cada vez lo paso mejor. En 2003 me dieron el premio a la mejor actriz y tuve la oportunidad de conocer a otros premiados como José Coronado, Fernando León, Enrique Urbizu y los divertidos presentadores Juanjo de la Iglesia y Tonino.

El año pasado también fue increíble la de gente interesante que vino: David Trueba, Ariadna Gil, Luis Tosar, Iñaki Gabilondo, Almudena Grandes, Julio Medem, Wyoming, Imanol Uribe, Román Gubern, Marta Atura, Andreu Buenafuente, al que le entregué yo el premio, etc. Para mí es uno de los eventos más esperados del año, sobre todo para poder encontrarme con mis queridos Vicente y Pau Vergara, los organizadores, maravillosos amigos.

También estuve hace poco en la presentación del libro de Carlos Díez en Madrid y en festivales de todo tipo en Sitges, Málaga, Praga, Bruselas y locales como Coyote, Pachá, Millennium, la Ciutat del Cel, donde fui jurado de la final de la Chica *Primera Línea*. He participado también en charlas, mesas redondas...

Guardo buenísimos recuerdos de cuando fui por primera vez al Salón del Cómic de Granada, donde participé en una charla con Juanma Bajo Ulloa, Santiago Segura y el organizador del evento. Luego tuvimos una cena de lo más divertida en un restaurante exquisito y una salida de noche de lo más peliculera. A Santiago no había nadie que no le dijera algo. La gente lo asediaba. «¿Entendéis por qué no salgo?», decía el pobre... Fue imposible lograr que estuviera un minuto tranquilo en toda la noche, ni siquiera cuando nos metieron en un privado en una discoteca... Llegó un momento en el que los demás nos pusimos a bailar alrededor de él para ver si así conseguíamos que no le dijeran nada, pero ni con esas. Pasaban por encima de nosotros. Nos reíamos por no llorar, qué agobio de gente.

11

Mis queridos fans

Desde que comencé mi carrera en el cine X siempre he tenido la sensación de estar muy arropada por la gente que me seguía de cerca, especialmente durante los primeros meses, que son los más duros y extraños, pues aún no sabes cómo van a reaccionar ante tu trabajo. Me sentí siempre muy querida por los compañeros, por los periodistas que iba conociendo y, sobre todo, por la gente de la calle, por esos fans que empezaron a seguirme y a animarme dándome siempre muchos ánimos para seguir adelante.

Contrariamente a lo que pueda esperarse del tópico piropo de andamio, los que me reconocían por la calle no me decían palabras groseras ni obscenidades, sino más bien elogios de esos que a las mujeres nos encantan, como «guapa», «eres preciosa» y cosas así.

Cuando empecé realmente a ser consciente de los muchísimos fans que tenía fue cuando tuve mi primera página web. Llegaban cada día cientos de mensajes, tantos que, aunque lo intentaba, me era imposible contestarlos todos. Además, un par de veces por semana *chateaba* en directo unas cuantas horas con ellos desde una web de pago. A pesar de que entonces no tenía casi práctica en el manejo con el ordenador, me las apañaba para mantener hasta diez conversaciones a la vez.

Algunos venían a lo bruto con seudónimos tipo «pollón» y «salido» y sólo querían ver cómo me desnudaba o me tocaba, como hacían las otras chicas de aquella web de *chats* eróticos que estaban en habitaciones contiguas. Pero yo no entraba en ese juego, iba muy mona vestida y sólo respondía para dar información o conversar sobre mis próximas películas. Y es que los que hicieron mi página web además tenían servicios de *chats* en vivo con chicas que interactuaban con los usuarios desde su casa o en las instalaciones con cámaras que tenía la empresa. Era como un *peep show* en la red.

He tenido momentos muy bonitos en mi relación con los fans, sobre todo en el festival erótico, donde vienen muy documentados. Allí la mayoría lo son. Me entraban chicos muy jóvenes con su carita buena, entre cortados y emocionados y me pedían hacerse una foto conmigo. Yo estaba encantada y se me ponía una sonrisa de oreja a oreja.

Me acuerdo que estaba en una edición del FICEB con un nutrido grupo de chicos firmando autógrafos y apareció uno de ellos con un montón de revistas apiladas, todas con portadas o contenidos míos. Le dije, muerta de la risa: «No veas lo bien preparado que vienes», y me contestó sonrojándose que yo era su mayor fantasía y que si por favor se las podía firmar todas. Así lo hice, claro. Quién podía negarse a una devoción así. Otro de los que estaban esperando le preguntó, curioso, que de dónde había sacado todas esas revistas. Él, muy orgulloso, le dijo: «Uno que sabe».

En otra ocasión también, un chico que se acercó a mí

se quedó sin palabras al verme, se puso casi blanco y tuve que animarlo un poco dándole varias fotos y un poco de agua.

Quizá la peña de fans más fiel que tengo es la de Valencia. Cada vez que he asistido a esta ciudad, con ocasión de los Premios de la Cartelera Turia, ahí estaban todos, con sus camisetas blancas con una foto mía que ellos mismos se habían hecho. Montones de chicos a cada cual más majo.

Tampoco sé muy bien cómo consiguen algunos mi dirección particular y me mandan a casa decenas de cartas o se presentan de pronto en el portal a pedirme una foto firmada.

En cuanto esté terminada mi nueva página web espero poder atender a todos mucho mejor y creo que haré ediciones limitadas de mis fotos para los fans.

Mi relación con ellos es de momento muy respetuosa y a mí me llena de orgullo que sea tan educada y cariñosa. Me puedo tirar horas y horas firmando autógrafos y haciéndome fotos con ellos. Rara vez me agobio o dejo a alguien sin atender. Es algo que yo aprecio en muchos artistas que me gustan, como Alaska y otros que saben siempre cuidar a sus admiradores, por años que lleven en la cresta de la ola.

Jóvenes lanzados

De las muchas cartas que he recibido hay algunas que guardo con mucho cariño. Suelen ser aquellas en las que destaca la buena educación del autor, algo que admiro mucho y que creo que lamentablemente se está perdiendo.

También me encantan las cartas llenas de emoción por

saber si de verdad soy yo la que les responde y de ánimos para que siga con mi carrera. Hay veces que cartas así me alegran el día.

Lo que más me llama la atención es que cuanto más jóvenes son, más lanzados se muestran. En una ocasión, en el Salón del Cómic de Barcelona, un chaval que no tendría más de catorce años me demostró lo claras que tenía las cosas. Estaba firmando autógrafos en el *stand* de mi amigo Patrick, dibujante de «El hombre mosca», y cuando alguien compraba algún cómic yo le regalaba además un póster, una camiseta, una gorra o una de mis películas. El niño en cuestión, que por cierto iba muy guapo con su camiseta de tirantes, su pelo a lo Jesús Vázquez y un pendiente de aro en la oreja, no paró de insistir en que él también quería una película. Yo le decía que no podía ser, que era menor, que me enseñara su DNI. Él me contestaba resabiado que ¡era para su padre! Lo intentó en varias ocasiones ante las risas de todos. Ese día venían chavales de todas las edades y también algunas chicas, algo que me hizo mucha ilusión.

En otra ocasión, mientras estaba vestida de calle en una sesión de fotos para ilustrar una entrevista para el *De Noche*, unos niños que no pasaban de los doce no paraban de llamarme y decirme piropos de todo tipo: «qué buena estás», etc. Yo, de verdad, me quedé perpleja al descubrir lo sueltos que estaban a pesar de ser tan pequeños.

Hay quien me escribe y me cuenta que me ve pasar a menudo por delante de su trabajo y que sería la persona más feliz del mundo si por un momento entrara a saludarle.

Un día me disponía a mandar un paquete por mensajero a Juanma Bajo Ulloa y, de repente, me dice el chico del mostrador: «Ah, pero tú eres Celia Blanco... y éste es Juanma el cineasta.» Yo ante lo evidente le dije que sí, que era yo, claro. El chico no podía estar más emocionado.

También hace poco me pilló totalmente desprevenida, mientras bajaba en el ascensor, una vecina con su bebé. El niño era monísimo y me puse a hacerle carantoñas, y de repente la chica me dice:

—Tú eres Celia Blanco, ¿verdad?, te he visto en la tele, en *Arucitys*.

—Sí, soy yo.

—Es que mi marido es muy fan tuyo y tiene *La mujer pantera*, ¿te importaría un día firmarla?

—Por supuesto que no.

La felicité por ser una mujer de hoy y nos despedimos con un beso. Un par de días después Manel, el conserje, me dijo que tenía una peli para firmar y así lo hice. Al entrar otro día me dice Manel que esperase pues tenía un detalle para mí de los vecinos por la firma. Eran unos bombones con forma de luna, además de exquisitos muy originales; para mí fue un detalle inesperado y encantador.

Cada día me pasan cosas de éstas, sobre todo desde que he empezado a salir más a menudo en la tele. Y lo cierto es que a mí me sigue agradando y me parece un bonito estímulo. No sé si aguantaría el nivel de acoso que sufre mi amigo Santiago Segura y que pude comprobar aquella noche de copas con él. El pobre se lo piensa mucho antes de salir a la calle. A lo mejor yo también me quedaba encerrada en casa si la cosa se pusiera tan agobiante.

Tengo que agradecer a todos esos fans que me han seguido desde que comencé y también a los que me han conocido hace poco todo ese cariño que me hacen llegar.

Desde que empecé hasta ahora he recibido miles de cartas, la gran mayoría felicitándome por mi carrera, mis películas y mis apariciones en TV. ¡Y esto siempre te anima! Cuando estoy algo desanimada o fatigada o me levanto y el día está gris, enciendo mi ordenador portátil y me pongo a leer esos maravillosos mensajes que me mandan a mi web: www.celiablanco.net.

Espero no defraudarlos y seguir contando mucho tiempo con un apoyo así.

12

Otros proyectos y trabajos

Desde que comencé con el cine erótico tuve claro que lo que de verdad me gustaba era interpretar. El sexo era sólo una parte y yo tenía ganas de convertirme en una actriz completa. Por ello he disfrutado mucho participando en películas X con muchas escenas paralelas a las de sexo explícito en las que había más diálogos, y también he procurado involucrarme durante estos años en otros proyectos fuera del porno, dentro de lo que podríamos llamar el cine comercial.

Películas independientes

Entre mis pinitos en el cine comercial estoy muy orgullosa de mi colaboración con el director Diego Vázquez como protagonista de su película *El horror de la dama del lago*. La historia de la película trata de una pareja de ingleses recién casados que llegan a una aldea española en plena montaña, con la intención de habitar una casa que han recibido en herencia. Lo demás dejo que lo investiguéis en www.atisculfilms.com.

Yo interpreto a la dama del lago que da título a la película. Cuando me ofrecieron el papel me pareció interesante y fascinante a la vez, y acepté encantada. El rodaje fue bastante duro, especialmente el día en el que tuve que sumergirme en el lago de marras. Era en Tarrasa y en pleno invierno, y casi me da algo. No sé ni cómo logré parecer natural con aquella congelación, pero todo sea por amor al arte.

También me dieron un pequeño papel en *Mar rojo* de Enric Alberich, protagonizada por Maribel Verdú. Es la historia de una chica que trabaja en un *peep show* y de su vida en torno a éste. Mi papel era corto pero me valió para aprender cosas y, por supuesto, para conocer mejor a Maribel, una gran profesional.

Más protagonismo tuve en *La orina y el relámpago*, una película muy *underground* de los hermanos Lapiedra, que ha recibido críticas estupendas en todos los festivales donde se ha proyectado. En ella hay una mezcla de escenas de sexo y violencia y un ambiente muy decadente y sórdido. Trata de dos amigas prostitutas adictas a la coca y bulímicas. Casi nada. La presentación de la película fue en la filmoteca de Valencia (en los Premios Turia 2004) con algunos espectadores de lujo como el Gran Wyoming, Imanol Uribe o Román Gubern que nos transmitieron comentarios de lo más elogiosos.

Recientemente me ha surgido un nuevo proyecto muy apetecible pero del que aún no puedo hablar. Espero que sea un bombazo pero no verá la luz hasta el 2006.

También estoy dando los últimos detalles a mi nueva página web: www.celiablanco.net, en la que además de mis fotos, portadas, películas, novedades, etc., habrá secciones muy sugerentes y muchas escenas y cortos rodados exclusivamente para la misma. Voy a tener una de las páginas web más cuidadas y completas del cine X europeo.

Aprendiz de periodista

Mi contacto diario con los medios de comunicación también me ha supuesto recibir propuestas de trabajos atípicos para mí pero que me resultan retos muy interesantes. Es el caso del consultorio sexual que llevo haciendo desde hace un par de años en revistas de estilo de vida para hombres como *Primera Línea* y *FHM*.

También otras me piden que les escriba mis andanzas por fiestas o festivales de todo tipo, y la MTV me contrató de reportera por un día. En varios programas de TV me requieren para acudir a charlas y debates sobre sexo y cine erótico y cada vez más me piden también que colabore de forma continuada como tertuliana.

Es una responsabilidad que me excita y para la que espero estar preparada, pero que no siempre se realiza en el contexto que a mí me gusta más. Odio esas mesas de gente que se insulta o que discuten de tonterías. Yo prefiero los debates clásicos, con tiempo suficiente para que la gente pueda argumentar y decir cosas interesantes y, la verdad, es más fácil encontrarlos en la radio que en la TV. Aun así hay programas, como expliqué en otro capítulo, en los que disfruto bastante y espero seguir haciéndolo mucho tiempo. Últimamente he estado muy ocupada escribiendo este libro con mi buen amigo Guillermo. Espero que funcione bien y a lo mejor más adelante me planteo hacer una segunda parte o un formato distinto. También me gustaría mucho poder seguir viajando, conocer nuevos países y, de paso, poder triunfar fuera de

España. He trabajado en Francia, Italia, México, Venezuela, Bélgica y la República Checa y me han publicado algunas portadas pero no quiero parar de hacer cosas. Me siento con mucha energía para seguir trabajando, creciendo, aprendiendo.

13
Mi consultorio sexual

En la revista *Primera Línea*, al cabo de un tiempo de conocernos un poco mejor, tras aparecer mi segunda portada, me propusieron llevar un consultorio sexual. Al principio tenía mis dudas sobre si estaba capacitada para hacer algo más allá del tópico, pero nada más empezar a publicar recibí tantas felicitaciones que me animé y estuve varios meses con ello. Más tarde me contrataron en la revista *FHM* para seguir con el mismo tema, esta vez con más espacio todavía y unas sesiones de fotos muy cuidadas de apoyo. Me llegan preguntas de todo tipo y es imposible responder a todas, pero, mes a mes, voy intentando resolver en lo que puedo las dudas de los lectores y de mis fans.

He escogido algunas de las consultas más divertidas o curiosas que me enviaron en estos años a estas dos revistas que transcribo a continuación.

En Primera Línea

1. ¿Las actrices del cine X disfrutan de verdad o fingen?

—¿Disfrutar? Mucho, me encanta exteriorizar mis sentimientos más profundos ante vosotros a través de unas sugerentes y sensuales imágenes. La respuesta exacta a tu pregunta es que no hay nada más que ver la diferencia entre una actriz porno y una pornostar.

2. Me masturbo todos los días. ¿Es perjudicial para hacer el amor o tener hijos?

—Ni mucho menos, todo lo contrario. Masturbarse es una opción excelente para calmar esas ganas irrefrenables de hacer el amor que tenéis los adolescentes. No te cortes ni te pases, pero ten claro que el semen no es bueno que se acumule.

3. ¿Se nace morbosa o se hace una así con el tiempo?

—Buena pregunta. Yo creo que se «nace», que es una virtud que posees de serie. También es cierto que con el paso del tiempo vas curtiendo y definiendo ese lado morboso con el que tanto vosotros como yo disfrutamos.

4. ¿Es cierto que muchas actrices X se acaban haciendo lesbianas por aburrimiento de los hombres?

—Bueno, no es del todo cierto. No porque te empiecen a gustar las mujeres te dejan de gustar los hombres. Lo que sucede es que cuando pruebas hacerlo con una mujer... ¡te gusta! Te gusta sentir otro cuerpo tan suave como el tuyo. Quién mejor que nosotras mismas para explorar nuestros cuerpos y darnos buenas dosis de placer. Resumiendo, que sí se fomenta el sexo entre mujeres pues muchas lo prueban por primera vez. Pero no por ello se renuncia al otro sexo.

5. No tengo claro lo del punto G y me da corte preguntarle a mi novia...

—En realidad no es un punto, sino una zona erógena, una especie de almohadilla de carne de textura rugosa situada sobre la pared frontal anterior de la vagina, justo detrás del hueso del pubis; para buscarlo introduce el dedo en forma de gancho hasta encontrar ese «punto» que tanto gusto nos da... Prueba también a estimular el clítoris mientras intentas localizar el punto G y verás qué gusto más bueno le das a tu chica.

6. ¿Cómo puedo saber si una mujer se ha quedado satisfecha después de un polvo?

—Querido amigo: yo creo que eso se sabe, ¡¡se siente!! Por la manera de gemir, de mirarte, si su coñito está empapado y, lo más significativo, cuando hemos tenido un orgasmo nos invade una inmensa felicidad. Acaríciala suavemente, abrázala. Después de correrse está más sensible.

En FHM

1. Me han dicho algunos colegas que hay drogas como la cocaína que mejoran bastante el sexo colocadas sobre la punta del pene. ¿Es verdad? Y, ¿es recomendable?

—La cocaína funciona como un potente anestésico local, que provoca disfunciones sexuales. Es decisión tuya el querer dormirla... o espabilarla con buenas lamidas y sentir al cien por cien que te va a estallar de lo sensible que la tienes. Lo de la cocaína en el pene en realidad es un falso mito, que dura y dura...

2. Mi chico se empeña en que le ponga cosas dulces en el glande durante la felación, pero me da un poco de asco que se mezclen los sabores. ¿Qué hago?

—¿No te gusta mezclar sabores? ¡Pues distráelo! En el momento de hacerlo coge aceite y úntale con las manos el pene, échate sensualmente el aceite en tus pechos y luego hazle una cubana frotándosela entre ellos. Verás cómo se anima la cosa.

3. Me gusta calentar a los tíos, bailar sensualmente delante de ellos y ligar, pero cuando llega la hora de hacerlo me quedo paralizada y no me apetece seguir. ¿Cómo puedo tranquilizarme frente al sexo?

—Insinuarte y provocar es otra opción de disfrutar del erotismo. Seguro que te excitas viendo cómo ellos te desean, pero quizás has vivido un desengaño fuerte o en realidad te gustaría mantener una relación estable. Tú misma tienes que buscar esas respuestas. Ánimo *sexy-girl.*

4. A mi chica le van muchísimo los pies (tocarlos, masturbarme con ellos, besarlos). ¿Es normal, o está completamente loca?

—Que tu chica sea morbosa y algo fetichista de los pies no significa que esté loca, es más bien una virtud muy a tu favor. Todavía hay muchas personas que son monótonas y conservadoras a la hora de practicar sexo. Y el sexo es imaginación, fantasía, pasión. Así que aprovecha, aprende y disfruta, pues en los pies están las terminales nerviosas de todo el cuerpo y, si buscas bien, puedes arrancarte más placer que en cualquier otra zona de tu cuerpo.

5. ¿Cómo puedo poner más cachondo a mi chico con un francés?

—Mientras lo haces, juega también a estirar y apretar hacia abajo sus testículos. Escúpele sensualmente en la puntita de vez en cuando para lubricar y... vuelve a saborearla. Mantén en todo momento una actitud muy *sexy*, con posturas atrevidas y comentarios elogiosos sobre su tamaño y ya verás cómo se pone de contento y duro...

6. Cuando tengo relaciones sexuales no consigo que mi pene esté completamente erecto. ¿Qué puedo hacer? A veces también eyaculo sin que esté erecto. ¿Es malo?

—Hay veces que puede ocurrirte porque no estás lo bastante concentrado, o has bebido más de la cuenta y por eso no alcanzas la erección total. Como ejercicio intenta, cuando te masturbes, apretar desde la base para que la sangre te llegue a la puntita. No es malo eyacular sin que tu pene esté erecto, pero si no consigues nunca la erección deberías ir al médico.

7. A mi novia le gusta que eyacule bastante, pero a veces ando bastante escaso. ¿Hay alguna forma de potenciarlo y que mi novia quede satisfecha?

—Querido amigo: la escasez nunca es buena, así que apunta una buena receta. Alimentación rica en frutas, leche, verduras y en general buenos hábitos alimenticios. Ya nos dicen que de lo que se come se cría.

8. ¿Cómo se hace una garganta profunda? Me apetece probarlo pero no sé si mi chica disfrutará con la experiencia.

—Esta práctica saltó a la fama gracias a la legendaria película *Garganta profunda* del director Gerard Damiano. Es tan sencilla como abrir la garganta al máximo para intentar introducirte el pene entero en la misma. En la peli le habían trasplantado a la protagonista, Linda Lovelace, el clítoris en la garganta y por ello le gustaba tanto hacerlo. Para que tu chica consiga metérsela entera en su boca no la fuerces, no la ahogues, es mejor que lo haga ella misma, sin moverse y que vaya empujando gradualmente. Todo esto si la tienes muy grande, claro, si no, no debe tener problema. El secreto es que tenga ganas de sentirla dentro. Si le gustas de verdad será algo muy placentero para ella.

14

Miradas sobre Celia Blanco

Román Gubern

En vísperas de la Guerra Civil, la censura española prohibió una hermosa película, protagonizada por Marlene Dietrich, y que se titulaba *Tu nombre es tentación*. Puede resultar un poco cursi, pero a mí me parece una buena etiqueta para calificar a Celia Blanco, aunque habría que añadirle inmediatamente como subtítulo *Tu cuerpo es tentación*. La tentación empieza en sus grandes ojos, prosigue en sus labios carnosos y se desparrama por un cuerpo de formas generosas, pero a la vez armoniosas. ¿Es posible pasar al interior de ese envoltorio? Muchos actores han traspasado este umbral, con manifiesta satisfacción física, a juzgar por su lenguaje corporal y sus suspiros. A quienes no hemos tenido el privilegio de penetrar este monumento anatómico, nos queda el recurso de penetrar en su interior a través de sus ojos.

Se dice tradicionalmente que los ojos son las ventanas del alma. Los ventanales que se abren bajo la frente de Celia Blanco sugieren un viaje a un mundo turbulento, aunque reservado. Quienes nacen bajo el signo de Capricornio suelen tener una vida interior efervescente, pero protegida por la valla de la privacidad. Cuando pienso en ella se me ocurre la fantasía de que soy su psicoanalista y la tengo muy cerca, tumbada en el diván, al alcance de mis manos. Sin que ella lo advierta, he colocado discretamente ante sus pies, para poder atisbar, desde detrás de ella, el espacio que se abre entre sus muslos. Y pienso que, al escuchar sus intimidades, la estoy desnudando, la estoy despojando de sus capas externas, como se hace con las cebollas.

Godard hacía decir a un personaje de una de sus películas que los pollos se componen de un exterior y de un interior. Cuando se les quita el exterior se ve el interior, y cuando se les quita el interior se les ve el alma. El deseo que inspira Celia Blanco es tan grande que, en efecto, después de desnudar su cuerpo, uno querría desnudar todo lo demás. Pero esto, como es sabido, pertenece al mundo de las fantasías personales.

Vampirella

«De una rubia encontrada en el camino.»

Lo advierte la sabiduría popular: «¡Ay de quien halle una rubia en su camino!»

Quien siente devoción por las rubias (auténticas o reconvertidas), padece —como padeció Alfred Hitchcock— una incurable pasión por el suspense, por el misterio, por un secretismo que las hermana con las esfinges y los felinos. Mas no eres totalmente rubia si no tienes también rubio el espíritu. Celia Blanco es totalmente rubia, y apetitosa, y *sexy*. Aguanta la pose, y tiene una mirada llena de oscura gracia.

Gusta lo escaso; ella me gusta porque no es de lo que abunda. Pero ser diferente, una elegida por la singularidad, es un éxito y una condena.

Sonsoles Fuentes

Conocí a Celia en una cama hinchable.

Ambas fuimos invitadas a colaborar en el programa *La naranja metálica*, que emitía Canal 9, la televisión valenciana, para llevar «La sexción», un divertido espacio con noticias sobre sexo. Aquella primera vez Juan Ramón Lucas, presentador de ese magacín nocturno, entrevistaba a Juan Luis Cano (Gomaespuma) y al final le hacía pasar a una cama dispuesta en medio del plató para recibirnos a nosotras, que apenas habíamos tenido tiempo de saludarnos en maquillaje. Por suerte, pasamos la prueba sin acabar con nuestras costillas en el suelo, y en programas sucesivos la cama fue sustituida por unos *futones* en los que nuestra integridad física corría menos peligro.

Aquella noche, cuando nos fuimos con el equipo a tomar unas copas, Celia y yo nos enfrascamos en una charla sobre la actitud competitiva que tenemos las mujeres entre nosotras. Bueno, de la que tienen algunas mujeres, porque tampoco es cuestión de aferrarse a tópicos para que nos cuelguen carteles a todo el elemento femenino. Comprendo, sin embargo, que Celia está acostumbrada a toparse con el enojo en más de un rostro de mujer cuando el novio de la susodicha mira embelesado sus largas piernas.

A la semana siguiente, cuando cenábamos antes de acudir a la tele, nos contamos nuestra vida, hablamos de nuestros trabajos, de cómo nos enamoramos de nuestras parejas..., y descubrimos que ambas nos poníamos cachondas cuando estábamos con la regla.

Le regalé un ejemplar de *Dímelo al oído*, mi último libro, y ella me pasó una copia de *Compulsión*, una de sus películas, en la que se encargó, además de protagonizarla, de elegir el estilismo. Una cuestión que no es baladí para nosotras, que tanto nos quejamos de la estética *Kitch* de muchas películas porno. Con Celia aprendí que existen demasiadas creencias erróneas en torno al mundo del porno, un mundo mucho menos clandestino y oscuro de lo que se imaginan quienes jamás han tratado con la gente que se dedica a encender los deseos.

Así continuamos intercambiando opiniones acerca de la sexualidad femenina, de nuestras preferencias y, especialmente, de las críticas de las espectadoras hacia el cine porno. Asunto que a Celia le preocupa y del que estoy segura que se ocupará en cuanto tenga un hueco en su apretada agenda.

Juanma Bajo Ulloa

Soy un hombre débil. Soy una de esas personas que casi desfallecen ante la belleza. Un chico sensible. Un ser que se estremece al contemplar el rostro y la figura de una mujer bonita: vamos, un guarro. Pero no todo en mí es positivo. También tengo mi lado oscuro: reconozco que me gusta tener una conversación inteligente, sincera, emocionante o incluso emocional. Básicamente por eso adoro a Celia Blanco. Casi la amo. Aunque esto último sea un secreto (más que un misterio). Celia debe de estar en su séptima reencarnación, a juzgar por su aplomo y sabiduría larvada, pero parece que acaba de llegar a este mundo, si uno atiende a su curiosidad y ganas de aprender de la vida. La conozco más de lo que la conozco, aunque sientas que ya la conocías sin haberla conocido. Lo reconozco. Es de las pocas amigas a las que uno puede llamar a las tres de la mañana sin temor a que salte el buzón de voz, pero asustado de que esté despierta y te hable... Ahí, cordial, abierta, amable, lúcida, cercana e inalcanzable, sencilla y orgullosa, madura e infantil, perspicaz y suspicaz, entusiasta pero cabal, extrañamente inocente, cálida como un témpano de hielo del mismo infierno. Sé que quienes la conocen mejor que yo me dirán que una vez rompió un plato, pero seguro que ella después se agachó lentamente, recogió los pedazos, sonrió, dijo algo insospechado, y el plato, milagrosamente, se había soldado en sus manos. Y si no fue así es que el puñetero plato merecía romperse. Celia es una gran chica con una vida original, y sospecho que se convertirá, de mayor, en una gran mujer con una vida excepcional. Ojalá me pille cerca, además de sensible, soy tan curioso... Se me olvidaba comentar que Celia Blanco es, además, una gran actriz de cine porno, pero no creo que eso sea realmente de mucho interés.

Juan Ramón Lucas

Si uno dice que trabajar con Celia Blanco es un placer, puede encontrar el fácil refrendo de decenas de compañeros de trabajo y hasta la complicidad envidiosa de más de uno y más de quince de sus fieles seguidores, porque el trabajo de Celia es precisamente dar placer al público en solitario o mediando sus parejas de película. Pero si confieso que jamás tuve con ella más relación que la profesional de una tertulia televisiva y la personal de unas cuantas conversaciones entre copas y compañeros, quizá la afirmación resulte más sorprendente. Quizá... para quienes no conocen a Celia. Yo tuve la suerte de tenerla ante mí sin haber visto sus películas, de modo que —aunque resulte difícil de creer— pude mirarla a los ojos antes que a otros tentadores territorios de su abrupta y demoledora anatomía. Luego sí, luego tuve tiempo de ver su trabajo pero para entonces ya había descubierto a la Celia que su público jamás verá desnuda. Esta mujer no necesita abrirse de nada ni mostrar exteriores para seducir a la cámara, le basta mirar de frente y decir lo que piensa. Se gira, guiña, se mueve, ríe, interrumpe, remacha, ataca, responde... y mantiene la atención del espectador y la espectadora sin que tenga que tirar de enseñar piernas o marcar pecho. Tiene formas, sí, pero también talento y talante para la imagen.

Resulta divertida y sugerente ante la cámara con apenas mirar y sonreír... y además sabe ser y estar en una tertulia. Fuera de la escena es divertida y habladora —a veces tremendamente habladora— con un estilo y una imagen bastante alejada del tópico de actriz porno: de calle más se asemeja a una joven y agraciada estudiante o a un ama de casa de poca edad y muy buen ver que a una señora que se dedica a la vida carnal. Tiene estilo y despierta interés. Si mide bien sus próximos esfuerzos puede dar el salto al otro cine o a la otra escena con la facilidad de un sencillo movimiento de piernas que abra unas puertas y cierre otras. Vale la chica. Ya lo creo.

Eva Roy

Celia no deja a nadie impasible. Ella es la lujuria, la descarga de hormonas, el pecado y la tentación... En su presencia todos calculan sus posibilidades ante la gran Musa del sexo... Y Celia lo sabe: «Por la noche siempre funciona: o por tía buena o por Celia Blanco», dice divertida nada más atravesar la entrada de uno de los locales de moda. Su cuerpo maravilloso ni es regalo de la casualidad ni exclusivamente un producto agradecido al bisturí, sino obra de un confesado esfuerzo diario, de la férrea disciplina de horas de gimnasio, de sacrificio y las privaciones en su dieta. Resulta paradójico que la que proclama ser una profesional del porno se controle en casi todo más que una monja... Pero sí, ella es así, Celia es muy especial. Cada vez que pienso en ella me sale una sonrisa, porque para mí Celia es mágica, me inspira curiosidad y su recuerdo me evoca amistad (un vocablo que uso de forma asquerosamente tacaña). Ella ha aglutinado la máxima valentía con una superimagen. Es una Súper-Nena. Como en los antiguos vinilos, hay una cara A y una cara B en Celia Blanco. Para la versión oficial se carga de fuerza, se muestra comedida e imaginativa, llena de proyectos y con las metas clarísimas. Celia es seducción, risa, moda, noche... Y seguro que la Celia que se oculta no es menos fascinante.

Con sus tremendas curvas desafiantes y sus piernas eternas, caminar junto a ella significa ver muchas cabezas girarse, cientos de ojos seguir su estela, clavándose en su silueta imposible de heroína de cómic. Pero de destacar algún rasgo de Celia, acudiría a las notas de fortaleza, como la de los humillados que se levantaron, y la prudencia del que tuvo que empezar de cero, reinventándose en solitario y sin demasiado apoyo. «Hago tantas cosas que, al final, lo que menos estoy haciendo es porno.» Así es ella. Así comenzó. Hiperactiva, entregada y generosa cuando se compromete. No defrauda. Celia es de las poquísimas mujeres a las que reconozco y respeto verdaderamente. Trabaja sin cesar porque sabe que nada es fácil. Muchos en esta vida hemos de dar cien rodeos y escalar mil cimas hasta alcanzar lo que entendemos es nuestro lugar en el mundo... y creo que éste es su caso. Son muchas y muy duras las lecciones que ha tenido que grabar a fuego: ni a quien más ha querido era la persona que ella necesita, nada era como parecía, nadie regala nada. Por eso, el corazón de Celia está escondido, y mucho. Pero por lo menos, ella lo tiene. Celia mide sus palabras, aunque de lo poco que dice, de las cosas que le escucho, intuyo cuánto se está callando. Tengo la impresión de que vive en un permanente esfuerzo por controlar cada detalle, por no decepcionar a terceros ni a sí misma, en ese papel de «chica invulnerable» que se obliga a representar. Su disfraz, su piel de supermujer, a veces no alcanza a contener al verdadero yo, forjado a base de desgarrar, a mordiscos, pedazos de cruda realidad, de aventuras y de experiencias fuera de lo común.

Paco Gisbert

«Sin adjetivos.»

En cierta ocasión, Albert Boadella me dijo que lo que hacía grande a Marilyn Chambers no era su capacidad para excitar al espectador, sino el hecho de que, cuando uno veía una película suya, se creía uno por uno los momentos gozosos por los que pasaba al hacer el amor delante de una cámara. En definitiva, que la Chambers era, sobre todo, una actriz con mayúsculas, independientemente de que trabajara en el porno o en el denominado cine comercial.

Algo parecido se puede decir de Celia Blanco. Te puede gustar o no, porque la mente humana es intrincada y nadie comparte modelos de belleza con sus semejantes, pese al empeño que ponen las agencias de publicidad en implantar el gusto único. Pero te la crees. Cuando Celia aparece en pantalla, sea para interpretar una escena de sexo, sea para recitar un texto dramático, el mecanismo de ilusión que hay en esa zona del cerebro que nos permite soñar con el cine se pone en funcionamiento. Celia hace que cada uno de sus gestos, cada una de sus acciones y cada una de sus palabras sean parte de un personaje que ríe, llora, goza o se deprime, según lo que dicte el guión. Porque ella, descubierta hace unos años como la nueva gran estrella del cine porno español, ha trascendido los márgenes de su tiempo, como si el destino nos hubiera trasladado de repente a los años ochenta, cuando las actrices eran solamente actrices sin importar qué tipo de cine hacían. Con ella el cine español ha ganado una actriz. Así, sin más. Sin adjetivos.

Valerie Tasso

«El blanco de Celia.»

Ella observa la escena desde arriba. Desde la distancia que procuran las alturas. En cuclillas. El espectador observa a la observadora. Se le ofrece una cuidada cabellera rubia, una espalda cubierta de un ligero vestido negro que cae, ladeado, sobre unas nalgas oportunamente descubiertas. En cuclillas. Ella espía. Participa en la distancia del momento inminente del orgasmo. Del eretismo infiel de su compañero, del eretismo solipsista de ella. Eyacula, él eyacula. Micciona, ella micciona. Una micción suave que se supone caliente. Un chorro inverso, de dentro a fuera, al que ofreciera Anita Ekberg en *La dolce vita*. Un mismo caudal vital, amplio e intelectivo. La Fontana de Trevi convertida en vejiga de Celia Blanco. Agua en orina. Agua orinada en orina aguada. Espermatozoos por orina. Sabemos de antiguo que también la segunda puede ser generativa; Zeus mudado en lluvia dorada para poseer y fecundar a Dánae. Durante la micción, los genitales de Celia han sido expuestos de manera explícita, como lo fue *El origen del mundo*, la naturalista vulva con la que Courbet revolucionó el oportuno salón de Otoño, o el urinario que a Marcel Duchamp le valió para convertirse en el patriarca indiscutible de la vanguardia artística.

Explícita. Porque Celia es una mujer que sabe hacerse explícita. Puede explicitar un discurso con facilidad semejante a la que explicita su físico, porque Celia es una persona con la suficiente «limpieza» mental como para articular con contundencia sus ideas sobre la vida y exponer con claridad sus vivencias en un proyecto autobiográfico.

Joven. Posiblemente demasiado joven, pensará alguien, como para recurrir al género de la autobiografía. Ese género en el que el autor se expone, se purifica, se hace selectivo con su propio recuerdo. Recose los retales de su memoria y recompone, narrando, su propia vida. Pero la narrativa, así como la vida, no es cuestión de tiempo, sino de intensidad. Lo sabemos algunas. La intensidad manejada con cordura, el derroche bajo una mente capaz de pensarse en el propio exceso, es un bien claramente apreciado por la literatura. Bataille, que siempre se contó a él mismo o Michaux que siempre se experimentó a él mismo, son un buen ejemplo.

Actriz. Ésa es la vocación de Celia y su oficio. Actores, seres capaces de adaptarse como un guante; «dime qué digo y con qué acento» propone Bardem. Estructuras siempre dispuestas a estar vacías. Hasta que ofician. Hasta que ofician en personajes. Módulos de cera preparados para dejarse imprimir todos los caracteres, por extraños que sean, por lejanos que aparezcan y resultar convincentes. Manifestarse convincentes en la asimilación de lo otro. En la comprensión de lo ajeno. Como Celia. La autora de *Secretos de una pornostar*, la autobiografía de una joven capaz de ser explícita. El fragmento de vida de una actriz. De una actriz que orina. De una actriz que sabe orinar en pantalla.

Agustín Villaronga

Cuando se dice sonido se oye el silencio (más adelante vendrán los jadeos); pero lo que yo oigo es la risa de Celia: esa risa pequeña, de niña traviesa, que recuerda mucho a Hillary, la prima del Will Smith de *El príncipe de Bel Air*.

Con la palabra cámara empieza a comérsela. La cámara. A comérsela toda. Porque eso es lo que hace Celia. Mire o no mire al objetivo, lo inflama, lo acoge y lo destroza de la misma manera que la he visto desmenuzar un huevo entre sus piernas.

Al grito de motor se calientan los motores. No sólo los suyos sino los de todos los que van a ver cómo se ofrece. Sabe cómo echar leña al fuego y lo hace. Y lo hace muy bien.

Y al fin ya viene la acción. Comienza la película y en ella se entrega. A veces desmesurada, otras tierna, en general caliente, como las calderas de una locomotora que avanza a toda velocidad y que no hay quien la pare.

Juegos de palabras aparte, me emociona de Celia su capacidad para no quedarse en lo más obvio del porno. Y lo he experimentado al ver algunas escenas de *La orina y el relámpago*. Algunas casi cósmicas, como la que juega con ese embrión de ratoncillo en su ombligo. Otras llenas del desencanto del colocón de coca que no se sabe parar. A veces extrañamente dulces como cuando, contratada por horas, acaba ayudando a pincharse a un desconocido. Me gusta, en definitiva, verla cuando va más allá del juego puramente sexual y crea imágenes consigo misma cargadas de agresión, de tristeza, de ternura y de alegría... y las comunica. Eso es lo que hacen las actrices ¿no?

Dani Mateo

«La blanda...»

Hay quienes todavía ven en Celia Blanco únicamente a una actriz porno. Yo diría que están tan equivocados como los que veían en Van Gogh a un paisajista sin oreja. Y es que no es lo mismo retratar un paisaje que utilizarlo para retratarte a ti mismo. Cuando uno ve una escena de Celia Blanco o un cuadro de Van Gogh se da cuenta de la pasión que hay detrás de cada movimiento, de las ganas de transmitir con cada gesto, de la voluntad de no dejar indiferente al que mira. Que el vehículo para transmitir todo eso sea un lienzo o una postura imposible, a mí me importa poco. Sigue siendo arte.

Recuerdo que cuando conocí a Celia Blanco me sorprendió su poder de atracción. Se paseaba por los pasillos del plató donde se iba a realizar la entrevista y todo el equipo del programa —técnicos, cámaras, regidores, un señor con bigote al que no he vuelto a ver y hasta los retratos colgados en la pared— giraban la cabeza para verla pasar. Pero eso es hasta cierto punto normal tratándose de tíos. Es el conocido «efecto andamio» que nos produce el sexo contrario. Lo que no es tan normal es que también las chicas quedasen prendadas de los encantos de la Blanco. ¿Qué tenía esa mujer de aspecto dulce y formas rotundas para hipnotizar de aquella manera? ¿Cuál era el secreto de aquella versión ibérica y morbosa de Kate Blanchett? Pues después de pensar mucho en ello (y en ella) he llegado a la conclusión de que en ningún caso es su físico. De hecho, por el mismo plató han pasado chicas incluso más guapas y el señor del bigote no ha vuelto a aparecer.

El truco está, creo yo, en que Celia emana sexo. Su estilo al andar, su risa entre descarada e ingenua, su forma de mirarte de perfil —el izquierdo, casi siempre, escondiendo la cara, como un boxeador a punto de asestar el derechazo de k.o.—. Todo te conduce irremediablemente a un único pensamiento.

Ese que se combate con duchas frías, borracheras y caricias bajo las sábanas. Y cuando se pone a hablar, entonces ya sólo te queda huir o rendirte. Porque está claro que conoce los resortes que te aceleran el pulso. Por eso os recomiendo que leáis este libro antes de acostaros o un día que no tengáis mucho que hacer. Es posible que cuando empecéis a pensar en ella (y en ello) ya no podáis parar.

Toni Aliaga

«Una *sex star* no apta para cardiacos.»

Desde que conocí a Celia Blanco sabía que iba a tener *feeling* con ella; recuerdo que ella fue invitada al programa *Tómbola* que se emitía por Canal 9 y yo la entrevisté para *Plana Major*, revista de la Comunidad Valenciana para la que colaboro. Celia me cautivó con su aire cándido y una mezcla entre ingenuidad y picaresca, que luego me he dado cuenta que sabe utilizar muy bien en la tele, pero reconozco que caí rendido a sus encantos al momento. Desde ese momento ya es «mi» Celia y así quiero que siga siendo. Desde entonces hemos compartido confidencias de amores y desamores, de encuentros y desencuentros, de proyectos, de ilusiones y derrotas y por supuesto noches canallas e inolvidables, que me hacen sentir uno de los hombres más envidiados del país y presumo de ello, lo puedo asegurar. Cuando Celia me pidió unas líneas no sabía muy bien de qué hablar y como supongo que su profesionalidad ya está más que demostrada, pensé que sería mejor hablar de cómo es una diosa del sexo cuando baja al mundo terrenal y se convierte en mortal. Lo cierto es que en el día a día Celia no va de mujer fatal por la vida, eso sí, cuando tiene que acudir a un evento o ser una *star* es la mejor y la más fatal de todas, pero luego es muy entrañable y queda raro decirlo de una actriz porno pero es así; yo la he visto ponerse roja cuando en una reunión se habla de algún temita fuerte y al minuto te rompe los esquemas y te explica cómo es la mejor manera de hacer una felación sin ningún tipo de pudor, y ahí está su encanto. Reconozco que muchas veces cuando estoy con Celia se me olvida que es una *megastar* del porno y una auténtica fiera sexual, y, es más, si no fuera porque he visto sus películas, dudaría de que esa carita tan angelical fuera capaz de hacer tantas acrobacias sexuales. Celia Blanco me recuerda a ese tipo de *starlettes* que ya no existen en el cine español y que en el porno español nunca las ha habido. Supongo que el porno español le debe bastante a Celia porque yo, la verdad, no soy un gran aficionado al género y en mis años como periodista no recuerdo que ninguna haya logrado lo que Celia ha conseguido. Premios nacionales e internacionales, programas de televisión de todo tipo donde es la invitada de lujo, portadas en revistas no pornos, presentaciones y toda clase de eventos, donde Celia se desenvuelve como pez en el agua, dan fe de que el sueño de Celia se ha convertido en una realidad, una realidad admirable y muy divertida que todos sus admiradores deseamos que dure mucho y que tengamos Celia Blanco para mucho, muchísimo, tiempo. ¡Celia no nos abandones nunca!

Toni Rovira

Su cuerpo se mueve al ritmo que contornea su corazón, desnuda lentamente todos los prejuicios que exaltan los sentidos a la pasión.

Celia Blanco, bella, sensual, erótica, motiva cada una de nuestras parcelas mas íntimas.

Su forma íntima de acariciarse, de explorar cada rincón de su cuerpo, aquel que le da placer, hace temblar de deseo a todo aquel que la contempla convirtiéndose en un río de orgasmo.

Su ardiente libertad le hace ser bisexual, y gozar con toda plenitud abrumada de placer.

Celia es apasionada y al besar vierte en cada beso toda su brava energía.

Es fuerte, segura, luchadora, emprendedora, todo ello hace de ella una mujer diez.

Hoy nos presenta este libro y mañana su entrada en el cine comercial.

Su carácter le da ese carisma personal que la hace ser sensible y dura, todo ello crea la magia de su morbo.

La actriz, modelo, tertuliana de televisión supera etapas y se convierte en una diva.

Celia Blanco, una de las más grandes estrellas del cine porno español, la actriz que con pocos años ya ha cosechado grandes premios y su nombre ya está escrito en el universo de la fama internacional.

Celia es cariñosa, amiga y fiel en sus principios, todo en sí le da esa naturalidad tan especial que le hace ser un amor de persona.

Su nombre, su aura, su *glamour* quedará escrito en la arena de nuestra playa, la playa del amor.

Y hoy entre sus huellas recojo ese ramillete de palabras para escribirle este humilde trovador enamorado de la vida:

A ti Celia
A ti mujer
A la actriz
A la persona
A la noche que cobija tu recuerdo
A tu mirada sensual
A tu ardiente deseo
A ese fuego de tus carnes
A ese silencio que abrasa la soledad
A la lluvia de tus versos sobre nuestra piel
A tu mundo
A tu sueño de ser

A tu ilusión
A tu anhelo que hoy es volcán de pasión
A tu alma enamorada
A tu energía que eleva sueños
A tu voz
A tus susurros
A tus palabras que despiertan la noche que duerme
A ti Celia, gracias por tu luz, por tu arte y tu libertad.

Con el cariño que entraña beber de la copa de tu vida.
Toni Rovira, el poeta peregrino.

Boris Izaguirre

Adoro a Celia, especialmente por su risa, que sucede como cascada al final de cada oración que pronuncia. Tiene un punto de malignidad, de ocultamiento y de adicción. Como si se burlara de todo lo que la rodea, le permitiera separarse de ese mundo que sólo sabe verla de una manera, desplegando un vicio insolente y ferozmente atractivo. Celia es absolutamente disciplinada. Llega puntualísima al plató de *Crónicas*, sabe lo que va a hacer, incluso llega más lejos revisando películas enteras para luego adaptar una mínima secuencia de ellas en el plató. En maquillaje procura estar quieta y en silencio para facilitar la labor de Juana o Montse, un gesto característico de grandes profesionales. Y su presencia durante la espera de la grabación es discretísima, una de las cosas que más aprecio en los compañeros. No hay nada como un poco de silencio antes de salir al ruedo. He visto alguna de sus películas, sobre todo las que interpreta junto a Nacho Vidal, e incluso una noche intenté doblar con ella el diálogo de algunas escenas, partiéndonos de risa con el resultado final. Eso creo que forma parte de sus hallazgos: saber reírse del porno al tiempo que se vive de él. Y es algo en lo que Celia, como Nacho y Toni, han trabajado duro y sin subrayar esfuerzo: pertenecer a una generación del porno que lo asume como industria y en aras de óptimos resultados le inyecta talento. A mí me sucede lo mismo con la televisión, estableciendo una lucha entre su abyecta vocación de lucro y mi deseo por aprovecharme de su plataforma para decir lo que pienso. Siempre pienso que una estrella del porno debe de acabar harta del machismo que la rodea dentro y fuera de su industria. Y en eso también me reflejo, porque sin que me lo digan directamente yo siento que la mayoría de las personas que me conocen me ven como un maricón de gran tamaño al que deben respetar porque ha conseguido mucho en la vida. Imagino que Celia sabe que cuando pasa delante de muchos hombres éstos se ven obligados a comentar que la han visto en una de sus películas y que lo hacen con ese chasquido entre dientes propio del maltratador, de la bestia racista, del energúmeno que vive dentro nuestro. Pero ella pasa, continúa su camino, hacia su propio universo envuelto del peligro y la satisfacción de su fantástica risa.

Copyright de las fotos

1, 2, 3, 11, 13, 14, 17-41, 44, 45, 47, 48, 51-63, cedidas por Celia Blanco.
4, 7, Joan Crisol.
5, Tati Q.
6, 8, 9, 10, 15, 16, Antonia Peña.
12, 64-67, Jalif.
42, 43, Carlos Díez.
46, Paco y Manolo.
49, 50, Toni Palés.
68, 69, Pablo Lapiedra.
70-72, Antonio Ordóñez.
73, 74, Javier Pardo.

Índice